爱情心理九讲

雷光辉　章劲元◎编

吉林大学出版社

长春

图书在版编目（CIP）数据

爱情心理九讲 / 雷光辉，章劲元编 . -- 长春：吉
林大学出版社，2022.9
ISBN 978-7-5768-0361-7

Ⅰ . ①爱… Ⅱ . ①雷… ②章… Ⅲ . ①恋爱心理学
Ⅳ . ① C913.1

中国版本图书馆 CIP 数据核字（2022）第 175522 号

书　　名：爱情心理九讲
　　　　　AIQING XINLI JIU JIANG
作　　者：雷光辉　章劲元　编
策划编辑：卢　婵
责任编辑：蔡玉奎
责任校对：田茂生
装帧设计：三仓学术
出版发行：吉林大学出版社
社　　址：长春市人民大街 4059 号
邮政编码：130021
发行电话：0431-89580028/29/21
网　　址：http://www.jlup.com.cn
电子邮箱：jldxcbs@sina.com
印　　刷：武汉鑫佳捷印务有限公司
开　　本：787mm×1092mm　　1/16
印　　张：12
字　　数：160 千字
版　　次：2022 年 9 月　第 1 版
印　　次：2023 年 1 月　第 1 次
书　　号：ISBN 978-7-5768-0361-7
定　　价：69.00 元

自序：关于爱情

关于爱情的讲座，往往会座无虚席。可见，爱情有着巨大的吸引力。

"问世间，情是何物，直教生死相许？"

千百年来，无数文人墨客、专家学者都尝试去揭开它的神秘面纱。然而，爱、爱情到底是什么？却没有人能准确地回答。

有人说爱是给予与付出；有人说爱是浪漫；有人说爱是责任；有人说爱是一场修行，爱是一个成长的过程；也有人说爱是一场游戏，不在乎天长地久，只求曾经拥有。

一千个人心中就有一千个哈姆雷特。一千个人心中就有一千个爱情的定义。

爱是心动，所以窈窕淑女，君子好求。

爱是思念，所以一日未见，如隔三秋。

爱是懂得，所以身无彩凤双飞翼，心有灵犀一点通。

爱是承诺，所以在天愿做比翼鸟，在地愿为连理枝。

爱是遗憾，所以我生君未生，君生我已老。

爱是等待，所以日夜思君不见君，共饮长江水。

爱是成长，所以众里寻他千百度，蓦然回首，那人却在灯火阑珊处。

这些似乎都对，然而似乎又都不对。也许爱就是一种不可说的东西，就如三毛所感悟的"爱如禅，不能说，不能说，一说就错"。

既然哲学家、文学家都没有参透爱情，那么心理学家又是如何看待爱情的呢？

在心理学家眼里，爱情可以分为各种类型，也可以分为各种成分。爱情受生物遗传、社会环境、家庭教育、文化因素、个体心理等各种因素的影响。爱情是感性的，有时甚至是盲目的，但是也有很多理性的部分。因此，在这本书中，我们邀请九位心理专家学者尝试从各个角度、各个阶段对爱情进行心理学的解读，以便让我们的读者能对爱情有更科学的理解。

本书共有九讲，分别讨论了爱情中的几个重要议题，比如"您相信有真爱吗？"这是一个深入灵魂的问题，当越来越多的人强调爱情与婚姻中面包的重要性的时候，那还是真爱吗？如果不是，那真爱又是什么？"追还是吸引"同样是一个让人迷惑的问题。如果爱情需要主动追求，那该怎么追？又该在什么时候选择放弃？一直坚守还是及时止损？追和吸引到底哪个更重要？这些都是在恋爱关系确立前就需去思考的问题。

有些人，很幸运，恰好追到或者吸引到自己心爱的人，两个人确定了恋爱关系，是不是就意味着两个人从此就能幸福地在一起了？毫无疑问，对于年轻人的恋爱来说，永不分离往往只是一个美好的梦想，白头偕老更是奢谈。为什么恋爱初期的信誓旦旦、山盟海誓最后大都如过眼云烟，镜花水月？那是因为相爱容易相守难。

因为男女大不同，对于爱情的经营远比进入恋爱更具挑战。相爱的两个人是如此的不同，也就导致爱情中的矛盾和冲突难以避免，所以有效化解冲突就成为经营爱情的必备技能。

爱情是美好的，但是爱情也是会消失的。当爱情中的冲突不可调和的时候，这段感情也就接近尾声。对于某些来人来说，热恋时有多美好，分手时就有多狼狈。那么如果一段爱情不得不结束，又该如何去面对？分手应该体面，谁都不要说抱歉！问题在于面对失恋的创伤，又能否做到体面。

本书是一本讲述爱情的书籍，虽然不一定揭示了爱情的全部，但是它会带你领略爱情中大部分的议题。尽管每个人都会认为自己的爱情是独特的，但爱情中共性的成分更多。因此，本书也力图通过九位心理专家学者的讲授，让已经拥有爱情的人或者期待进入爱情中的人，能够对自己的爱情或者理想的爱情有更理性的认识，更好地追求和经营好自己的爱情，在面对冲突和失恋的时候，能够更好地处理冲突和修复创伤。

爱是一种强大的力量，尤其在讲座进行中的特殊的 2020 年，它是我们生活中的一缕阳光！

世界因你而美，时光因爱而暖。

雷光辉

2022 年 9 月

目　录

你相信有真爱吗？

李慧生

教师简介：

李慧生，天津师范大学学生心理健康教育中心原主任／心理学副教授，中国心理学会临床心理学注册工作委员会注册督导师，慧生心理工作室创始人、首席专家，天津心理卫生协会常务理事，天津社会心理学会常务理事，天津市家庭教育学会副会长，京津冀地区家庭教育智库成员，天津学生心理健康教育专家指导委员会专家，天津市卫健委专家库成员。

经常有同学或者来访者问我："老师，现在还有真爱吗？好像有钱的人找不到真爱，因为他不能区分他的恋人到底是爱他这个人，还是爱他的钱；没钱的人也有这样一个困扰，好像没有钱也谈不成恋爱。"我们现在有一句话说中国的房地产是丈母娘撑起来的。好像没有钱，恋爱也是奢侈品。似乎在我们这样一个时代很难找到以前古诗中所描绘的"衣带渐宽终不悔，为伊消得人憔悴"，或者说"山无棱，天地合，乃敢与君绝"那种荡气回肠的爱情故事，这到底是什么原因呢？

大家晚上好，这两天因为接到这个任务，我恶补了一下爱情的歌曲、电影和小说。昨天晚上我还在看爱情的三部曲：《爱在黎明破晓时》《爱在日落黄昏时》《爱在午夜降临前》。如果说"00后"是《爱在黎明破晓时》的主角，我是60后，我这个时代的爱情应该属于午夜降临后的凌晨了。虽然属于不同的时代，但是不同时代的爱情也有一些共性，所以我们还是可以对话爱情的。

记得几年前一个大三的学生走进咨询室，第一句话就问我："李老师，你相信有真爱吗？"当时的我有三种角色：心理咨询师、多年婚史的中年人、女人。

作为心理咨询师，受过专业的训练，我会快速地根据他当时的言行和外貌特点捕捉信息、评估、猜测：失恋了？或者是爱情即将来临时犹豫不决？同时我会回应他："我很想知道你为什么这么关注这个问题。我们坐下来慢慢聊，好吗？"

作为一位有多年婚史的中年人，人生中有太多角色交织在一起。在家庭中，为人妻，为人母；在工作中，为人同事、为人师长；在社会上，还有很多的角色，是同学，是朋友。这些角色使我获得了有关爱情的直接体验和间接经验。作为旁观者、践行者和当事人，面对这样一个真爱的话题可能无言以对、五味杂陈，当时最想表达的可能就是这样一句诗：少年不识愁滋味，为赋新词强说愁。而今识尽愁滋味，欲说还休，却道天凉好个秋！

普通的中年人，按部就班地立业成家，在婚姻、爱情、家庭、工作中摸爬滚打这么多年，真的很难说清楚对爱的感受和观点，尤其是真爱的滋味。背负着上有老下有小的家庭，独当一面的工作，责任大于感情。不是没有恋爱过，只是爱的激情浪漫早已被各种现实的压力淹没了。爱的真假已经不再重要，重要的是什么都会变：需求会变，感情会变，人的容貌会变，关系当然也会变。在中年夫妻的关系中，夹杂着爱情、亲情和友情的成分，难以提纯。到底哪一种感觉是真的，哪一种感觉是假的？在瞬息万变的环境下，很多事情都真假难辨。

有一个形象的比喻：长久的夫妻就像是左手和右手的关系，正常的时候感觉不到对方的存在，互动的时候又是合作的、默契的，一旦缺失又撕心裂肺地疼痛。曾经看过一段采访，记者请一对有80年婚史的老夫妇谈谈婚姻和谐长久的秘诀，结果他们说：长久的婚姻关系，也会有想要离婚的时候。

如果用感受来概括真爱的滋味，就是酸甜苦辣咸。酸是嫉妒，吃醋的感觉，是亲密关系中强烈的彼此占有欲望，排斥第三者。甜是我们在亲密关系中最渴求的，是一种黏腻沉醉感。苦是因为有了亲密相守的一段关系，又不得不离别或丧失，会遭受孤单、寂寞的煎熬。辣是因为再好的关系，也会有摩擦，有冲突和争斗，甚至会相互伤害。而且越是亲密的关系，离得越近，伤得越深，那是一种疼痛的感觉。咸代表眼泪，其实在亲密关系中，不管关系的体验是什么样的，都可能有一种想要流泪的感觉。有时候高兴甜蜜到想要流泪；有时候生气，恨得想要流眼泪；有时候委屈得想要流眼泪；有时候心里极度不平衡，也想要流眼泪。每一种滋味都酣畅淋漓，就是真爱的味道，充分体验各种滋味才是一段真实的亲密关系。

作为女人，女人十分重感情，把爱情当成生命一样重视，总是对爱情有太多的渴望和幻想。尤其是从小看着《白雪公主》《海的女儿》《睡美人》这些童话故事长大的孩子，若再加上原生家庭的缺失感——越是缺失，越是渴望被爱被关注，越是对一段亲密关系将信将疑，患得患失，经常需要求证："你爱我吗？你真的爱我吗？你不会变心吧。""你既然这么爱我，为什么总盯着别的女孩子看？为什么忘了我的生日？"这是一些女孩子在恋爱中受伤时经常说的话。爱人被问累了，问烦了，被问得不移情别恋都觉得对不起无尽的质疑时，这段关系就受伤了。

多年来，我还是一位心理学领域的学习者。心理学的规律是普适的、恒定的。我们可以一起来学习和思考，从这个角度来看看真爱和什么有关。

01 真爱与心理需求有关

心理学有一个流派叫人本学派。人本学派的代表之一——马斯洛把人的需求分成了7个层次。从低到高的排序是：生理需求、安全需求、爱和归属的需求、尊重的需求、求知与认知的需求、审美的需求和自我实现的需求。底层的需求是生存必需的，高层次的需求属于精神层面。

爱的需求首先是最底层的生理需求。生理需求包含个体生存需求和种族繁衍需求。性的需求包含其中，这是与爱情相关的部分。每个正常发育的人都会有性的需求。青春期之后，性功能逐渐成熟，性的需求很强烈。这种需求得不到满足，会使人感到紧张、焦躁不安。得到满足，会有一种很强的愉悦感。所以对于个体来说，满足性的需求，是一种愉悦的体验，会成为寻求爱情的内驱力。

生命的延续，种族的繁衍，也是每个生命体承担的责任，性需求满足的同时也带有一种使命感。我们人类的代际传承，取决于这种最原始的、最本能的一种使命感，这部分是真爱的基础。

再上一层是安全的需求，生活中安全稳定的环境会满足安全感，例如，稳定的关系、稳定的经济来源、生活保障等。当一个人处境危险时，就特别希望有人能够陪伴他，孤单无助的人更想抱团取暖。婚姻关系有法律保护，比恋爱关系更有保障，关系更加稳定，物质生活更有保障，也更能满足安全感。童年时期安全需求缺失的人更想在后期的亲密关系中获得满足。

第三层是爱和归属的需求。我们刚来到大学的时候，特别想找老乡。其实如果你们同样是湖北省的且都在当地上学的话，可能你们之间是没有感觉的。但是如果都到北京上学，会因为这种同乡的关系快速地抱团来寻找一种归属感。因为我们是同乡，我们有很多相似的东西，我们是一个团队。一个家庭，一个组织，一个单位都能满足归属感。在亲密关系中，彼此紧密相依相属，尤其能满足归属感。

第四层是尊重的需求。一个人如果长期不被别人重视，一个偶然的机会，被异性关注了，他可能会感觉到被尊重，因此两个人可能会快速地擦出火花来。为什么？因为对方满足了他被尊重的需求。

还有更高级别的需求，求知与认知需求，审美需求、自我实现的需求。这样的一个精神层面的需求，通常是需要两个人人格圆满成熟，从而达到一种相互成就的境界。大家都看好杨绛和钱钟书的爱情，他们的爱情就到了自我实现的更高层次——互相成就。最初是钱钟书带着杨绛走出国门，在牛津大学的图书馆博览群书，这个时候是钱钟书成就了杨绛。后来钱钟书在写《围城》的时候，大家闺秀的杨绛心甘情愿地做家庭主妇，为钱钟书生火做饭，也成就了钱钟书成为文学家。他们两个人是相互扶持着，达到了更高的一种境界：相互成就了对方的人生。

02 爱情三元素

爱情三元素是美国著名心理学家斯滕伯格提出来的理论。他认为爱情可以用三角形的三条边代表爱情三种元素：激情、亲密感和承诺。

激情是真爱的原动力，以性的驱动为主，通常伴随着躯体欲望激起的一些特征，是生理和心理被强烈唤起的一种感觉。恋爱时体验到的那种对对方的强烈渴望，陶醉于相依相守相融合的感觉，兴奋、激动，乃至激情燃烧，这是热恋状态的爱情。激情燃烧意味着能量的大量消耗，激情状态来得快，去得也快，可能三五个月就消退了，冷却了，倦怠了。

亲密感是真爱的情感部分。比激情要温和持久的好感喜悦使人感到甜蜜和陶醉，还会加强激情的甜蜜感。"我爱你，我愿意和你在一起，是因为我跟你在一起的时候心情愉快，我们可以彼此分享，交流沟通。我们两个互相理解，我们是知音，我们可以分享很多的东西。"

承诺是真爱的理性成分，以认知成分为主，不仅包括彼此忠诚的承诺、相互照顾的责任，还包括将自己投身于一份感情的决定和维持感情的努力。"我爱你，就要对你负责任，无论生老病死，忠贞不渝。"婚礼的誓言就是在强化婚姻中的承诺。

激情和亲密感像是爱情中的电流和火花，承诺像是理性的调节器。激情和亲密感是短暂易变的，承诺是从理性的角度来调节适当的温度，维持长度和耐力，让关系持续得更久，让彼此之间能够承担起一份责任，要信守承诺，相互扶持，建设家庭，养育后代。

最理想的婚姻状态是激情、亲密感和承诺三者兼备，构成等边三角形，比例均衡。在人生的不同阶段，三者的比例会有变化，年轻人荷尔蒙分泌旺盛，激情和亲密感的成分会多一点，中老年人在婚姻中更多的是亲情和责任。

不同气质类型的人，表达感情的方式和热度也会有差异。多血质的人善于表达感情，灵活性比较强，但一贯性较差。黏液质的人温情而长久，热度稍差。抑郁质的人感情内在体验很丰富，外在表现却不够丰富，不够有吸引力。胆汁质的人，属于激情燃烧型，持久度稍差。个性的差异像是调色板，每个人都可以找到与自己相匹配的色调。

03 真爱相关的心理效应

①吊桥效应

吊桥效应基于这样一个实验中，研究者请一位漂亮的女性做研究助手，由她到一些大学男生中做一个调查。在不同的地点给一些年龄相仿的男孩子发放调查问卷，并让这些男生完成问卷之后根据一张图片编一个小故事。参加实验的大学生被分为三组，调查发生在三个不同的地点。一是一个安静的公园；二是一座坚固而低矮石桥上；最后的地点是一座危险的吊桥。这位漂亮的女性在对所有的大学生进行完简短的调查之后，她把自己的名字和电话号码都告诉了每一个参加实验的大学生。如果他们想进一步了解实验或者跟她联系，则可以给她打电话。而研究者真正想要研究的问题是：大学生们会编出什么样的故事，谁会在实验后给漂亮的女助手打电话？

答案是第三组。经过一段很惊险的吊桥，从生理上有一种被唤起的感觉：心跳加速，微微出汗，脸上潮红。这种感觉刚刚出现的时候，见到这个女孩子，类似于一见钟情，两个人擦出火花一样的感觉。两个人有感觉的时候，就会有脸红心跳、小鹿乱撞的感觉。而吊桥让我们生理上有一种这样的感觉，再见到女孩子，这个男孩子就认为可能是这个女孩子的魅力让他有这样的一种感觉，所以他觉得跟这个女孩子是有可能继续发展下去的。

吊桥效应非常有意思，在现实生活中就可以用到。例如，男生想追求一个女孩子的时候，就可以带她去看恐怖片，女生是比较容易有心跳加速、很紧张的生理体验的，还有去游乐场玩那种冒险的项目。在这种情况下，向女孩子求爱，成功率是很高的，而且可以扮演英雄救美的角色。

②蜜月效应

可以叫热恋效应。两个人在热恋的时候非常的甜蜜陶醉，但这是很短暂的。我特别喜欢这样一个比喻："爱情是面包而不是石头。"石头的风化期很长，需要上千年日晒风吹雨淋，才慢慢发生质的变化。所以有一句爱情誓言叫："海枯石烂，心不变。"真实的爱情不是石头，而是面包。面包的保鲜期就四五天。一段亲密关系，它的保鲜期真的没有我们想象得那么长。所以爱情发生的时候很美妙、很甜蜜，尤其是处于热恋期、蜜月期的时候，但是，甜蜜的时光很短暂，所以爱情是需要经常地去经营和保鲜的，很多时候需要包容和忍耐。

③近因效应

我们都背过一句诗："两情若是久长时，又岂在朝朝暮暮。"但是社会心理学有关人际交往的研究结果却是：朝夕相处，容易日久生情。这叫人际交往的"近因效应"。与你距离更近的人，相互了解的机会多，互帮互助的机会多，更容易建立感情。所以近因效应通常都提醒我们，异地恋风险会更大一些。

④罗密欧和朱丽叶效应

罗密欧与朱丽叶、梁山伯与祝英台的爱情故事我们太熟悉了。这些爱情故事的共同点是：两人相爱，家族反对，越是反对，两个人越是抱团取暖，一致对外。如果他们结婚，生很多孩子，柴米油盐，天天面对，不知道后期会怎么样。这个效应提示我们要想拆散一对恋人，强力干涉等于火上浇油。一对不被家长看好的恋人是真爱还是陷入了罗密欧和朱丽叶效应？

⑤斯德哥尔摩综合征

这种效应是说其实本来两个人并不想在一起，甚至一方跟另一方在一起是被动的，受折磨的，是害怕的、痛苦的。但是长时间不得不在一起，会逐渐产生一方对另一方的配合，甚至是依恋、依赖、安抚、陪伴的关系。这是虐恋关系，两个人也能长久地在一起，甚至别人拆不散他们。

⑥刺猬效应

两只刺猬想要在一起过冬取暖。离近了，会互相扎伤，离得太远又达不到取暖的目的。所以他们两个会反复地相互探底，找到一个合适的距离，既不会相互扎伤，又可以相互取暖，这就是人际交往中的刺猬效应。不管我们的关系多亲密，多想天天黏在一起，也要保持适度的距离和界限，彼此尊重隐私，留有独处的余地，避免相互操控和干涉。

04 个人感受和建议

①只有独立自主的人才能经营稳定的关系

要想获得真爱和维持真爱，最重要的就是爱自己。我说的爱自己不是过度自恋，而是自我照顾，内外兼修，自我成长，了解自己，悦纳自己，让自己成熟独立，只有独立自主的人才能经营稳定的关系。我的大学室友总结了一首诗，其中有一句话，"如果你爱我，请你先爱你自己"。还有一句话，"你若盛开，蜂蝶自来"。

②经营关系的关键是平等互惠

世界上除了亲子关系，其他的关系基本上都遵循平等互惠的原则。因为孩子是父母生命的延续，只有亲子关系无可替代，其他的关系都可以替代。如果不能平等互惠，一味地向对方索取，很容易导致关系的失衡，一段关系因此危机四伏。好的亲密关系，一方面要成就自己，另一方面还要成全对方，双方在亲密关系中持久地获益，才是经营关系的要点。

③时而亲密，时而保持距离

爱情保鲜的秘诀是时而亲密，时而保持距离，这样爱情的温度才可以持久。这需要我们在亲密的时候身体和心理双重亲密无间，但是无论多美好的东西，时间久了也会审美疲劳，再好的关系久了也会使人倦怠，适度地拉开一点距离，是感情倦怠的调节剂，可以增加我们个人的魅力和相互之间的吸引力。

④做好接纳真实感受的准备

当真爱来临时，做好接纳真实感受的心理准备。这种真实的感受就是酸甜苦辣咸，各种滋味照单全收，用心体验，这将是一笔丰厚的精神资产。

⑤失去真爱时，学会反思和建设自己

失恋时，接纳生命中深刻的痛苦体验，学会自我平衡，学会在独处中反思和建设自己。

有一个同学失恋第三天来找我，一进咨询室就说："李老师，我太痛苦了，你帮帮我吧。"我说：失恋第三天痛苦是件好事啊！第一，说明你曾经的爱是真实的，一旦失去了，你会很痛苦。第二，说明你的身心是健康的。假如你的手划破了在流血，很疼，疼的感觉是不好，很痛苦，但是它的作用却非常重要，它是一种信号，它提示你受伤了，需要关注和保护。而失恋的这种疼是在提醒你，你要自我关注一下，然后这种疼会随着时间的迁移，一点一点地淡化。治疗失恋只有两种方法：自我疗伤和时间良药。

失恋了再痛苦，也只能是喝着时间这帖良药，慢慢地自我疗伤。因为别人不懂你的痛，而失恋是可以让你在这个痛苦中学会独处，走向成长的。

问题互动：

1. 异地恋如何维持长久到毕业结婚？

很好的一个问题，也是很难回答的一个问题。距离产生美，但是太遥远的距离，太长时间的间隔，可能就淡化了感情。在疫情期间我们发现离婚的登记要比结婚的多。是因为隔离导致关系的淡化吗？可能不是，是因为很多人都局限在家里，按了工作、社交的暂停键之后，两个人全都局限在家这个特别狭小的范围，朝夕相处，会有很多的摩擦和不满，最后导致爱情没有了，关系就结束了。所以我觉得这个问题真的不太好说，但是这个同学的愿望特别好，想要跟她维持爱情，而且直到结婚，他是把结婚当成目标了。这是一个很重视承诺的同学，是一个责任感很强的同学。我也告诉这位同学，两个人用心地经营是可以达到这个目的的，各种各样的方法其实都可以为爱情保鲜，去维持这段关系，而承诺多一点会特别好。更多的沟通交流可以增加感情的温度，但是结婚其实是下一段路程的开始，是下一段更漫长的婚姻生活的开始，可能下一段你们还要做更多更多的准备，从结婚一直到白头偕老，这段路会更长，需要我们花更多的时间和精力去经营。

2. 首因效应里面的爱情是虚假的爱情吗？近因效应里面的爱情会不会是因为习惯？这又算不算是真爱？

一见钟情，算不算首因效应？我想一见钟情其实包含着很多两性相互吸引的因素，首先可能就是外在的因素吸引到对方了，而一个人外在的因素一定是和内在有关的，他的容貌、气质、衣饰一定和他内在的性格、人品、修养是有关系的。所以我觉得人在某一时刻，他外在的呈现实际上也是内在一部分的最真实的呈现，可能这种综合呈现出来的因素吸引到对方。

但是，也有一句话叫日久见人心，可能在那一刻他呈现出来的只是他真实的一部分，并不是全部。而你要跟他恋爱，甚至跟他结婚生活在一起，你是要了解他的方方面面的。而且人通常会在陌生人面前呈现自己好的一面，而长时间在一起，是方方面面都要有交集的，那种感觉可能会发生一点变化。

我刚才说的近因效应，会导致日久生情，因为我们有太多的机会彼此沟通、交流了解、互相帮助，并一点一点地建立感情。但是有的时候越熟悉的人，我们越不可能产生那样的感情，这也是因人而异的。

所以其实一见钟情也好，或者是日久生情也罢，它都反映了我们在不同阶段对于情感的需求。

有时候我想人一辈子要谈几次恋爱，或者要经历几个人，才会真正领悟爱情的真谛，因为我们很难判断我们在不同的情景下对于情感的需求是什么样子的。就像一见钟情，它可能是真爱的一部分，但也有可能是其他的一些因素触动了我们对于爱情的那种设想。那么到底是真爱，还是因为这个人符合长久以来自己对于爱情的幻想，其实我们是分不清楚的。日久生情的话也许是真爱，因为爱这个东西其实挺虚的，需要渗透到日常的点点滴滴中去。我想近因效应也好，首因效应也罢，它都反映了爱情的一部分。

3. 有一对恋人谈了 16 年恋爱，异地 4 年，都考虑结婚的事了，结果分手了。他说他一直以为自己是真爱，现在仔细想想，这是真爱吗？时间在变，环境在变，思想在变，人也在变。真爱只是一段时间的感觉，那么结婚真的需要真爱吗？真爱的意义到底是什么？

我刚才提到了恋爱三部曲电影，在最后一部《爱在午夜降临前》中，男主人公有一段关于真爱的感悟，那是他人到中年的时候一个很深切的感悟。是不是真爱，可能最有权力、有资格判断的只有你们自己。但是我觉得最能确定的就是什么都会变。感情是会变的，需求也会变，甚至判断真爱的标准都会变化，接纳这种变化，这是最主要的。

就结婚而言，我们一定要有爱甚至有真爱才去结婚吗？我想每个人的需求和目的是不同的。比如因为我收入低，我想找一个能挣钱的来养活我，这样我才可以把日子过下去，我可以活下来，所以我要结婚，我觉得这种需求是真实的；我觉得一定要有爱才能结婚，这种需求也是真实的。是爱人还是爱钱，还是爱生活的一种保证、一种稳定感，我觉得这些需求都是真实的。所以婚姻只是我们生活的一种方式，它可以给我们带来很多东西，这些东西可能会满足我们的某些需要，但是它也有可能会压抑我们的其他需要。

4. 当焦虑型依恋关系的人，遇到回避型依恋关系的人，怎样去经营好这份爱情？

首先，依恋类型真的会影响亲密关系。那早期的依恋类型在多大程度上会影响我们成年之后的亲密关系呢？这不好去评估。但是我觉得人在早期的时候，原生家庭很和睦的亲子关系会让他获得更好的滋养，从而获得更好的成长。这是他的第一段成长。

第二段成长我觉得就是在亲密关系中，这就是刚才说的最好的关系，是相互滋养、相互成就、相互成长和催化的关系。其实在亲密关系中，不管是什么样的依恋关系，我们首先是自我觉察，然后是适当地调试，找到两个人在一起最舒服的一种相处方式。

焦虑型依恋关系和回避型依恋关系的人在一起时，就像一首歌那样：我只有不停地要，要到你想逃。但是他又恰好找到一个总是要逃的依恋关系，所以这是一段很纠缠、很痛苦的爱情。那为什么一定要相互折磨呢，找一个安全型依恋的人，或者是大家彼此都努力地向安全型依恋的人靠拢不好吗？为什么一定要把爱情弄得那么痛苦？

如果我们固化在早期的这样一种依恋类型里边，实际上就像两个没长大的孩子，两个孩子在一起，可能就会有很多的危机，会互相伤害。如果你们两个承受得起互相的折磨和伤害，也是一种相处的方式。如果都愿意长大，互相调试、长成大人，平等互惠地相处，那么在这种关系中，你们就能最大限度地获益了。如果既不想长大，又承受不了这种相互的折磨，那就等你们长大了，再学着和别人相处吧。

追还是吸引？

张　驰

教师简介：

张驰，北京交通大学心理素质教育中心副主任，中国心理卫生协会科普专家，新华社《瞭望》周刊等专刊的撰稿人，中央电视台心理访谈科普心理专家，北京师范大学教育学部儿童发展与家庭教育研究院特邀专家，中国教育电视台、中央人民广播电台等多家媒体电台特邀心理专家。

大家总在关注大学生的成长、成才、发展，但其实不可忽略一个问题，就是大学生的情感。我有门课叫"情感心理学"，所以我经常会和同学们聊到这样的情感话题。

第一，恋爱是一种关系，是一个相对亲密一点点的关系。从同学甚至朋友转化为恋人或者亲密的人，所以把它叫作亲密关系。这对于很多同学来讲都是一个新鲜的事物，它是需要进行体验的。

第二，恋爱还是一种能力。既然是能力，也就不是天生就会。当然，有人可能擅长一些，就像擅长某一运动，有的人很快就会熟悉某种运动，而有人需要很多时间来学习和练习。

恋爱的第一步，就是两个人还没在一起，或者两个人还没有建立这样的连接，还在进行观望，还在选择着，还在审视的这个阶段。所以在这样一个阶段，是追还是吸引，该怎么决定？

男女有很大的区别。我经常会讲，一个女人她让你快乐的时候不一定能够快乐，但让你痛苦的时候必定会痛苦。反之，男人也是如此。所以有人说男人来自火星，女人来自金星，二者真的不太一样。

那么追和吸引这两者之间是不是矛盾呢？

我想先问大家一个问题：不管是在什么阶段，以前，现在，甚至已经结婚了也没关系，有没有暗恋的人？什么叫暗恋，没有表达过的感情叫暗恋，如果表达了，那肯定不叫暗恋。偷偷地想，偷偷地望一望她，就好像欣赏一束花，只要想到她就会觉得很美好，而且总想要看到她，但不一定去表达出来。

我曾经有一个学生，他住在朝阳区，女孩在海淀区，都在北京，距离很远吗？其实跨度大概骑自行车一个小时。他特别爱那个女孩，就骑自行车一个多小时，骑到那个女孩家。他知道她家在哪里，就骑到楼下，在下面望一望，感觉一下，好像能看到她的影子，听到她的声音，甚至闻到她的味道，过了一会儿再骑自行车回去。这就是一种非常发自内心的爱慕、喜欢、欣赏，我觉得这种感觉其实非常美好。

我采访过很多同学，有暗恋经历的人很多，尤其是偏内向的人，很担心表达出来会怎么样，总是偷偷地喜欢一个人。所以，其实暗恋本身就是源于一种吸引，大家想想他在什么方面吸引着你？是学习，是外貌，是他的能力，还是他的性格特征？你会发现，其实暗恋的人身上肯定会有一些东西似曾相识，就觉得他像某一个人，这是很有趣的。从心理学来看，有的时候喜欢一个人，被一个人吸引，不只是这个人吸引你，还在于你感觉他就像某一个你原来认识的人。这在心理学上叫作移情，是指把过去对某一个人的感情转移到这个人身上。其实这背后有一种心理的逻辑。你喜欢的并不是这个人本身，而是你对过去某些东西的爱慕。所以说，不论是追还是吸引，其实都离不开心理的反应。你表面看起来与那个人在性格、特征上很适合，但是相处之后发现不是那么回事儿。这就叫"相见易得好，久住难为人"。

我们今天讲的追和吸引，都是在某一个阶段的。后面的阶段怎么发展，其实是不一定的，有非常多的变化，比如外在环境的变化、内心的成长变化。因为你会发现当你成长之后，他不一定也成长了。你可能在大一的时候看是这样子的，到大三之后发现却不是这样子的。诸如此类，有非常多的可能性。我觉得这也符合人的发展规律——人的内心会根据时间的变化而有所调整。

我想问大家一个问题：什么时候可以谈恋爱？在具备一些什么条件的时候可以谈恋爱？其实我觉得最重要的一点，不是年龄，而是心理的能力。恋爱最大的风险就是分手，当你能够知道甚至接受这一点，其实分手也是正常现象，也就是说你既能谈恋爱，又能坦然面对分手的时候，就是你可以开始谈恋爱的时候。

当你有这个最基本的条件和前提之后，还有很多的外在条件，比如时间、精力。我们假设把追比作日久生情——因为大都不是一下就能追到的，要有一个追求的过程。应该怎么追？追的时候有两个原则：第一个原则是真诚。如果你开始的时候不够真诚，耍点小伎俩，得到了别人的赞扬或者得到了别人的喜欢。但慢慢会被人发现，而被发现了给人的好感就会下降。所以真诚是很重要的事情。第二个原则就是要想办法感动对方。其实这段感情对双方来讲都是很珍贵的，因为在大学里的恋爱和在以后工作中经人介绍的恋爱是有相当大区别的。那时候要看两个人的条件，就跟选物品一样，条件一不符合马上就否定了，甚至可以面试几十个人，越看越不知道自己喜欢的是什么样子的人，然后就会迷失。所以大学这几年，是一段非常珍贵的时光。

我给大家讲讲我当时是怎么去追的。我的爱人就是我大学同学，是我同班同学。在大一的时候，我是体委，她是班长兼学委。我们的角色让我们有很多工作上的联系。她的很多方面比如人品、外貌、学业，都吸引着我。那个时候关系还不错。但她比较冷酷，比较高冷。在大一的时候，我就给她买过一个生日蛋糕。到大二的时候，我请她去拍了一次照片。当年，相机还使用上胶卷这样的方式，所以只拍了一组照片。我将她拍的一组照片做成了一个影集，那影集现在还在我们家里面。当时还没追上，我写了一段话："人生平淡得像一杯白开水。我们之所以奋斗，只不过是为了水里加点糖或咖啡，我不希望璀璨人生，但希望无悔人生。"就是这么一段话。我觉得那个时候就挺真诚的。

为什么很难追，因为她家里人不允许她谈恋爱。你发现追的时候有很多困难，这困难不仅来自你个人，还来源于外在的环境，比如同学的说法，中间有很多因素在影响着，甚至还有家庭因素。她家里不允许她谈恋爱，所以就很困难，追了好几年才追上。

当然爱情里面也反映价值观。买了999朵玫瑰，或者买了999个蜡烛，在楼下喊或者吼"我爱你"，是不是会很好？我觉得这种方式会给女孩子压力，一定要慎重使用。被公之于众，然后拒绝也不是，不拒绝也不是。当然也有个别女孩子很需要这种瞩目的关注，但是大部分女孩子是有压力的。

所以，首先要学会设身处地，感同身受，换位思考。两性是不一样的，女性特别需要被温暖、被感动、被关照等等，她需要言语上的关怀，需要一些小事情给她一些小感动。我觉得一定要了解这些性别特点，还要了解对方的个人特点，不能盲目，追的时候一定要有共情能力，要站在对方的角度想，这种能力很重要。

其次要用适合自己的方式去追。为什么追失败了，可能用的方式不适合。比如打赌说我追上一个人就请吃饭，这其实是非常不好的，价值观和态度就不端正。其实对于每个同学来讲，谈恋爱都是一个很重要的事情，欣赏和喜欢他人，所以才追。我认为真诚很重要，要用一些方法让对方感受到自己的真诚从而感动。

追有两种可能性，一种是追上了，一种是没追上，现在还是需要理一下。比方说我的一个男学生在大一的时候跟两个女孩子玩得非常好。因为刚到大学，到了新的环境，有了好朋友，就经常出去一起逛街，一起吃饭，一起开心。相处之后发现，他对其中某个女生其实蛮有感觉的，就想可不可以进一步发展一下。这个男孩去表达了追求之意，结果却被拒绝了。他被拒绝之后，一下子就不跟她们来往，不接触了，而且整个人情绪非常低落，觉得自己很糟糕。他原来在高中的时候学习很好，是一个被很多人瞩目的人，到大学之后，刚入学就经历了这样一件挫败的事情，对他来说很难接受，所以他就有了那种情绪，也因此来到了咨询室。他对自己的评价很糟糕，被拒绝之后才觉得自己不行，他也很伤心很难过，将一年的时间沉浸在被拒绝的痛苦里面。

所以我刚才说在你恋爱追求的时候，有一个要承担的风险，被拒绝之后你是否能接受得了，这点很重要，你要评估一下。追的时候就要考虑可能性，可能被接受，也可能被拒绝。如果我像这个同学一样，被拒绝之后就放弃了，觉得自己不好，那我就不可能和我的爱人走到今天。

没追上有很多种原因，所以不要只是归因于自己不够好，这种归因是对自我最大的伤害。实际上，你想你们都能玩得那么好，她能对你不认同吗？如果不认同，为什么玩得好？这个时候我们其实要有一种心理的成熟度，要考虑很多可能性，去客观地做出评价。

另外，追有两个方向，一个是男追女，一个是女追男。有句话叫"男追女一堵墙，女追男一张纸"，你身边有没有女生追男生就相对容易一点的例子？我身边还真有这样的例子。那个男生比较内向腼腆，而女生比较主动，是我读研究生时的一个朋友。那个男生实际上是一个被动型的人，也被追上了，现在两个人在加拿大生活得非常好。

如果特别容易追到，你也许不会特别用心；投入的时间成本和经济成本很高，你肯定会珍惜她多一点，这就是为什么爱情中越投入越深爱。

追的这种过程也决定后面的情感品质，追的过程也是不断去了解一个人的过程，太轻易追到可能不一定是好事情。

追的时候还需要我们把自己的面子放下来，勇敢去表达，才能知道结果。一开始是暗恋，有很多人瞻前顾后，担心如果追不上怎么办，被拒绝怎么办……反正有很多顾虑，然后基本不敢说。所以我认为要多鼓励能够去行动的人，行动其实很重要。

但在追之前，你肯定要弄清楚到底你喜欢什么，追的过程是怎么样的，你能接受的最终结果是什么。再说用真诚的方式，如果对方能感觉到，我相信有可能追上，至少关系在不断地接近，你在表达一种正面的情感，就是对他的欣赏和喜欢，而不是没追到就要攻击人家，用一些方式让他觉得很不舒服。这其实大可不必，显得我们很狭隘，这也是不成熟的体现。

先把追谈到这，吸引是什么？吸引，我有时候会讲是一见钟情。刚刚讲的追大都是日久生情，你追他需要过程，但也可能一次就追到了，可能一开始两个人就对上眼了，或者觉得还不错，所以很快就能追到。

一见钟情就是吸引，我们为什么会被这些人吸引？

美国心理学家斯滕伯格把爱情分为三个非常重要的维度。

第一个维度是生理维度，表现为激情。吸引本质上和激素分泌有关，人们随着心跳加快而被吸引，它是一种生理上的表现，生理上的特征。所谓激情就是我觉得被吸引，愿意跟你在一起。我们会被很多东西吸引，包括味道在内的很多东西。有时候吸引的程度，就是这种激素分泌的水平，例如多巴胺的分泌自然会让人感觉很兴奋。

第二个就是心理维度，表现为亲密。两个人在一起，用相互的依赖、依恋，相互的依靠，使吸引变成一种心理上的因素。有人说恋爱的时候，激情一般不会超过 24 个月，长一点 48 个月，为什么？激情其实是会消退的，但是心中的依赖感会越来越强。所以许多人分手后不能适应这种变化，习惯被打破了，就是曾经有一个人天天陪着你一起吃饭一起学习，但突然间失去了，空了。

最后一个就是社会维度，就是一种承诺——我要跟你在一起。

三个维度之和是完美爱情，当然不是所有爱情都是完美爱情。所以我想，吸引当中很重要的因素是激情，首先要有这个部分，相处之后才知道心里的感觉。

我觉得吸引第一是靠外表。很多人都是"外貌协会"的，就喜欢漂亮的帅气的，这也无可厚非。对美的追求是人之常情，遇到美就忍不住多看几眼。

第二就是我们说的光环效应。在学校里有的人在某方面表现优异，比如学习很好、打篮球好、唱歌好，参加学校里的各种比赛甚至获奖，或者是某个部门的领袖。总而言之,在台前、在聚光灯下就会更容易被看到,我们把这叫作光环效应。光环效应非常重要,这也是我们的吸引力。比如有些人在大学里看到擅长打篮球的人,就觉得特别棒,很帅,甚至流个汗,都觉得很好,这就是一种吸引的表现。

除了外在能力之外,当然还有性格特征。有人喜欢安静的人,有人喜欢活泼的人,可以很安静,可以很热情,也可以乐天派很幽默,这些个性特征都是非常好的吸引力。所以说吸引的因素因人而异,有100个人就有100种喜好,而且可能有很多无意识的吸引。

所以,我觉得每个人都要去欣赏自己,每个人身上都有特别的地方,不要遗憾你跟他人的不同,因为我们本来就不一样。另外还有一个因素很重要,我们虽然具有固定的先天因素,比如长相是相对固定的,但是我们可以让自己保持干净,就是一方面通过自身的能力获得吸引力,一方面把自己的优势表现出来。你会吸引不同的人,虽然你不会吸引所有的人,但会吸引适合的人,有人把这叫作"鱼找鱼虾找虾",就说明每个人的吸引点不一样。

当然有一种爱情可能是一起遇到一些困难的环境下产生的。有的女生爬山或者做拓展时会很害怕,结果你帮助了她,让她对你产生了一种英雄崇拜式的感觉,很可能就被吸引了。她觉得这是英雄救美,给她一种保护,给她一种力量,给她一种安全感。

对于我们学生来讲,增强吸引力的前提,我觉得是我的导师对我说的一句话:其实不管是学生的个人生活也好,还是专业学习也好,打铁一定要自身硬,我们自己要苦练内功,要修为。其实我们谈恋爱的过程就是照镜子的过程,我刚刚说我的长相可能不好,但我可以把自己整理得很干净,这种吸引力就是干干净净的。他的衣服不一定华丽,但是很干净。谈吐行追还是吸引？

为都要去练习，技艺可以增加，比方说打球、运动，多一些爱好，大学是特别好的平台，给大家学习和展现的机会。

我们大学的时候经常演出，唱那种关于大学的歌曲，这是一种吸引。我从大一开始就每天学吉他、练吉他、弹吉他，有人把吉他比成"爱情冲锋枪"，这也是一种吸引。

我觉得在大学的时光里，你要想吸引别人，就要提升自身能力，如果你擅长学习也可以，每个人擅长的都不一样。我就是做社团的，学习是一方面，我还会参与演出、活动以及各种比赛，比如打篮球、踢足球，这其实也是对自我的一种修为，对自我的一种完善，还有从人格上、从个性上慢慢去锻炼自己的能力，培养自己的品格，就像一棵树一样。

我经常会把男孩比作一棵树，女孩也一样，自己的谈吐、修为、说话方式这些外在可以看到的部分就是树冠。树冠是不是漂亮，树冠的颜色、形状还有枝叶的状况如何，都受树根影响。吸引力也类似，比方说在我旁边有一棵树，它看起来叶子很繁茂，来源于什么？来源于树根。树根是什么？树根就是你的学识、知识，这种知识不仅是上课学的知识，还包括你在各方面的知识，心理知识、哲学知识、人生各种知识，之后重要的不只是知识，还有心理素质、能力、态度观念、内心感受的丰富程度，内心的东西越来越丰富之后才能培养你整个人的气质。所以相由心生，很多东西都来自内心对生活的豁达，健康积极的人生态度，包括乐于助人、真诚友善、积极进取，这样的学生，这样的人肯定容易吸引别人。我觉得内在的健康特别重要，这种健康支撑了我们这棵树的繁茂，所以我想即使我们不能做到尽善尽美，但是至少有自己擅长做的事情，要不断把优势变成胜势。

其实这种吸引不仅是吸引恋爱对象，在将来可能还会吸引你的雇主，这两者是相似的。恋爱对象能看到你是潜力股，人不错，能力很强，又有责任感，那工作单位也需要这样的人。所以从这个角度来讲，这种吸引力的发展反而促使了你的自我成长，这点非常重要。

从这个角度进一步讲，你发展好了，这个人没留住，你还可能留住更好的人。当你能力强的时候，你不用太在意某一个人对自己是否欣赏，实际上你把自己变得强大，就会吸引别人，就像一棵梧桐树一样，长成之后才能引来金凤凰。所以我觉得人的成长过程就是伴随着内心的成长，你外在的表现，你的能力、学识，包括你所拥有的爱好、态度等各方面，其实都是受你的内在环境所影响的。

同学们要想增强自己的吸引力，一定要修为自我。所以中国文化中才有"修身、齐家、治国、平天下"的理念。那我们能做的事情是什么？——苦练内功。喜欢诗、喜欢看书，腹有诗书气自华，这是一种修为；擅长运动、喜欢音乐，或者在某个专业方向上做自己的发明，做自己的专利等等，会很多的技艺技术，一定会吸引很多人。每个人擅长的东西和所投入的时间不一样，在某个自己擅长的地方去深耕和深挖，这样自己的吸引力会更强。通过你自身的完善也会吸引一些人，当然在可能的情况下，在你自我完善之后，你会更愿意去表达，而不是静静地等待，有的人喜欢等待，有的人可能就喜欢主动出击。我觉得吸引力才是更强的一种竞争力，也是一种胜任力，或者说是你在大学期间的塑造之本。大学这四年时间，其实是一个不断塑造你品质人格的过程，学会爱人当然也是一种品格。爱这种品格，包容大众，能够给别人带来一些指引，其实还有很多的力量。

你想想，这样的人不管是男生还是女生都会让人觉得值得尊敬，甚至即使未来不在一起了，也值得去怀念。所以说这种吸引一定是自我成长发展的一种最基础性的东西。

从我所看到的，我觉得恋爱的重点不是追不追得上，这其实是次要的。

我们谈恋爱的目标是什么？谈一个分一个？肯定不是这样，像黑瞎子掰棒子一样，总以为后面的最好，然而不一定这样。我觉得我们的目标应该是在这种过程中成长，在这段经历中认真投入，即使不知道结果如何。这样在恋爱的价值观形成之后，你才能更好地面对你的生活伴侣和能够陪你长期走下去的人，我觉得这种健康的恋爱观、健康的人生观，这种积极的态度才能塑造更好的人生。

所以追和吸引之间不矛盾，他们之间可以结合。前面我讲到，你要评估你的能力和对方的特点来追，而且在这个时候你的吸引力也需要自我完善。但是这种自我完善可以阶段性地完成，不必在大学时期"求全责备"，比如说很多人终于准备好了，但马上就要毕业了，很多人等到博士后毕业了还没去追，这个也不行。恋爱是一种能力，有的人通过做事业来回避恋爱，因为人与人的亲密关系最难。说实在话，如果你把精力投入事业，可能会有很多的产出，但如果你把精力放在爱情上，它不一定有产出，可能会在几年之后失败，这种可能性是有的。但是为什么我们要寻找一个伙伴呢？其实有的时候在人生路上会有一些孤独，需要去陪伴，需要去支持，需要去学习。只有真正学会了去爱人，才能真正懂得什么是理解，什么是尊重，什么是宽容。我觉得这就是我们去谈恋爱的初衷，我们学会了在爱里面彼此帮助和分享，所以我们才能拥有更好的成长过程。即使我们确实要经受一些挑战，也是有意义的。

追和吸引是可以有机结合的，追赶要真诚，那些不同的感动也许有不同的效果。坚持不放弃，结果大概率还是好的。其实在追的同时也是相互吸引的过程，你要努力做好自己。

我们只有自我发展了，才能有吸引力。为什么追得上？一定是自我发展了。开始你可能不太适合他，但你经过自我发展到了一个阶段之后，反而就适合了。这是非常可能的。

所以我觉得，不要轻易放弃。这个过程只有体验了才知道，爱情真的是没办法具体描述的，每一天每一阶段的爱情都不一样。为什么？因为你对待的人不一样，你自己的事业、生活情境、内在世界都不一样，所带给你的爱情经历也是不太一样的。

在大学里，我是一名医生，而现在做了一名大学老师。我特别喜欢校园的环境，我觉得同学们在校园里可能会因为年轻犯错，可能会不成熟，这是很正常的。曾经我也是这样，现在可能还是，虽然比原来成熟多了，但也不是绝对的成熟，所以只能说是比原来进步了。我特别希望同学们在大学里能够燃烧青春，少年时要去做一点喜欢做的事情，虽然可能也会留一些遗憾。

我想最后的结尾就是成长。其实不管是追还是吸引，都可能会有失败，也可能成功，而这都是我们成长路上的一些过程。我们跟别人在一块相处也是这样，是一种成长之路。

我希望大家能够去实现自己的理想，能够不断地去追求自己喜欢的人和事。

问题互动：

1. 我是一个女生，其实追我的男生挺多的，但是我该怎么分清楚我对他是好感还是喜欢呢？

我不知道她几年级，或者过去有没有谈过恋爱，我听起来她像是一个没有恋爱经历的人，或者说原来一直处于学习状态。所以，如何去理解好感和喜欢这两个词呢？好感表示对人初步的好印象，这种印象会通过深入交流转变为喜欢甚至爱，也有可能转变为信任，当然也可能被磨灭掉。有几个男生同时追我，我怎么去辨别仅仅是好感还是喜欢呢？这个真的很难。我们可以接下来想一想恋爱的样子，但有一些人不一定能想到，因为她没有经验可以参考。假如我们将恋爱和工作的关系做比方，4个工作邀请，或者有4个人追你，你怎么办？

你觉得每个都不错，每个人都有各自的特点，那就可以采用SWOT分析法，把他的优势和劣势还有你担心的事列出来，全部列完之后你就会清晰一点。当然谈恋爱和找工作还是有区别的，开始可以逐步接触，可以慢慢适应、了解，也要慢慢给别人空间，合不合适都需要一个过程来适应。所以关键是你自己真的想不想、愿不愿意去迈这一步。你需要去感受一下，从一个人变成两个人的情境。有一首歌叫作《关系的故事》，这首歌讲的是一个人的时候其实很简单，两个人可不简单了，让你欢喜让你忧。所以当你决定了要由一个人变成两个人之后，你要接受这种既有欢乐又会有痛苦的情况。如果实在搞不清楚，我建议可以找心理老师聊一聊，可以谈一谈你对爱情的一些困惑，老师也能帮你做一些梳理。

2. 两个问题合并在一起问：（1）为什么现在很多男生都不太追女生了？（2）追女生的时候感觉很心累，如果要放弃追一个人，其实对我来说是很容易的事情，而坚持下去这个过程总是让我很虐心，并且没有快乐可言。老师觉得追一个人到底要追多久？为什么我在这个过程中常常觉得心累？

我当年应该是追了三年多，好像没有觉得心累，因为我的注意力不仅在追她，我还有自己的事情。也就是说其实你不用把每天所有精力都用在注意这个人身上，她不是你的全部。如果你每天用了80%的力气追她，追了一个月、两个月、三个月一定很累，真的是虐心。

我觉得恋爱其实是你人生必要的补充，不是你的全部。大学生的主业肯定是学习，除了学习之外，你有没有其他的爱好？这也是你人生的一部分。恋爱不能占用你的全部精力，如果你把恋爱当成全部的话，我觉得你将来在恋爱当中也会遇到很多困难。所以我觉得这种追得累的问题的原因就在这，你没有调整，就像我们工作一样，每天全部精力用来工作，每天就只想一件事——工作，没有一个放松的时候，那自然会觉得累，也肯定会累。

刚才说到男生追女生越来越少，这里面也有一些原因。从我的角度来看，这种现象当然不能把它定义成我们男生现在越来越内敛，因为这跟我们成长环境有关系，大部分男生的养育过程都是从家庭到小学到大学，其中女性的养育居多。另外，随着人文环境的变化，有些男生反而觉得他是需要被照顾的，需要被别人追的。

现在有这样一个现象：男生用的化妆品的数量越来越多了，男生有更多元的需求，更需要被照顾，我觉得这可能跟我们的信息发展和文化发展都有关系。而我们那个年代不是这样子，去追女孩是天经地义的。去承担去担当，男孩在这些事情上是不会退让的。我没有做过专门的调查，只是结合我的经验来观察。

但从某种意义上来讲，男生追女生的概率还是更大一些，从基因遗传和生理特点来看，男生相对来讲还是攻击性偏多的动物，更愿意去征服和占有，所以只是说比例上有变化，我倒觉得不是所有男生都这样，只是你接触的男生群体可能比较明显一点。如果你学的是文科，男生少，可能女生比较强势；如果你学的是理工科，男生多，那男生可能比女生更加强势一点。所以这跟群体环境，跟我们的文化，跟我们的整个发展有很大关系。

3. 我是一个女生，单恋一位男同学两年了，常常感觉自己无法自拔，影响了学习。我该怎样抽离这段错误的关系呢？

单恋，是对方已经有恋爱对象了，还是说对方没有？这是两个概念。如果对方已经有女朋友了，单恋他，向他表达过被拒绝，这个就复杂了。你情感很痛苦，而你又不能去表达，这里面肯定有一个东西在阻碍着你。我不是建议你一定要去表达，不是的，你既然两年来没去表达，你可能会担心失去这种美好，甚至你就是一个完美人格的人，希望他在自己的印象中非常完美，而不希望通过接触破坏这种完美的感觉，都有非常多的可能性。

建议这样的同学到中心去跟老师聊一聊，为什么会有这样的东西一直在心里折磨自己，而且不愿意迈出一步或是放下。我们要学会求助，这个很重要。在跟老师做一些交流之后，可能就会清楚自己的恋爱观为什么是这样的。

4. 我喜欢的那个男生非常优秀，在和他接触的过程中我总是会非常紧张。因为喜欢所以紧张，在心里总会有种莫名其妙的感觉，感觉有股气堵在喉咙。我应该如何面对这段感情，是应该直接表明还是自己努力奋斗过后再和他谈这个话题？

其实要是细心感觉一下的话，女生和她喜欢的男生在一起时动作会改变，本来是很大方自然的，但在自己喜欢的人面前一下就变得很拘谨。其实这里也能感觉到一种不平等。因为他太优秀了，你觉得自己可能配不上他，从你的言语里面可以体会到这一点。你问是否要自我完善之后再向他表白，看出来你从心理上就处于一种相对弱势的地位，这点我觉得要调整。其实有的时候对方很优秀，比方说球打得好，或者说他地位很高，但你是一个很可爱的人，其实你俩不一定就不平等，可能他就喜欢你这样的。所以不需要站在对等的位置，比如他在主席的位置你也在主席的位置，他是部长你也是部长，他会打篮球你会跳舞，不需要这样对等。

如果你已经喜欢他很久了，而且已经是大三大四了，就要学会及时表达，要不然可能会留下遗憾。当然，表达后可能会有两种结果：一种是他拒绝了，或者他委婉地拒绝了，一种是他同意了，这两种可能性都是有的。我觉得你可能要看看他给你的反馈是什么，你们之间的接触频率，工作关系，各个方面。如果对方没有完全拒绝你，甚至还很主动地跟你交往，那实际上你可以试探一下，用一些不是明面上的表达进行试探。有时候追别人不是直接说"咱俩谈恋爱吧"，不是这样子的。比如单独吃饭，这是一种方式；那么再升级，单独看电影，这也是一种方式，你都可以通过这些方式去观察。如果你觉得不好直接表达，可以用暗示的方式看对方的反应如何，如果对方不拒绝，那就有可能性。但是，他也可能把你当作一个小妹妹。总之，你是需要表达的，如果你不能直接表达，就可以通过一些委婉的方式在和他在一起的时候传递过去，然后看对方给你的反应是什么，通过这个方式得到一些反馈。如果对方觉得我们应该保持点距离，我们其实只是好朋友，我不想耽误你的发展，所以我会保护你，其实对于一个男生来说，这样做还是挺负责任的，挺值得尊敬的，这样的话其实你就能更好地应对你们的关系。

5. 自己常常用不断完善自己的心态去提醒自己。但当提醒自己要不断地完善自己时，就会觉得现在的自己不好，然后陷入否定中。张老师有什么样的建议？

听起来这位同学其实很多时候在自我消耗，有一些完美主义的特点。完美，其实是对自我的要求高，对他人要求也高。一直在自我完善中，自己就觉得本身还没有达到相应的程度，但实际上有很多内在的消耗在里面。现在的孩子有越来越多的这种所谓的自我要求，有些是有强迫特点的，而这样的性格特点其实阻碍了你做事情。因为要完美所以拖延，所以会有很多事情不去行动，因为你害怕出错，害怕没有准备好，所以行动对你来讲特别难，这背后其实是这样的一个心理机制。我觉得这种机制是一个怪圈，是需要被打破的，只有这样才可能真正找到自己的爱情。

爱情一定不完美，而且必须不完美，因为我们每一个人都是不完美的，所以要找一个伴侣来弥补这一部分。就像我一样，我大学的时候其实是一个做事情很风风火火的人，有时候性格很急，而我的女朋友是特别缓的性格，其实她帮我踩了很多刹车。我们正是在找对方的时候去弥补我们自己的不完美。你要知道自己的不完美，还要去接纳别人的不完美，这个时候双方才可能在一起。

如果你这种内在机制已经形成了，我倒觉得你可以更好地去面对你的爱情，如果你没有处理好，你需要先把自己的机制弄顺，把自己这种心理状态调理顺畅，才能更好地去谈恋爱。当然在谈恋爱中也可能会有一些困惑，就是你去追求完美，别人可能会不舒服，可能会有些争吵。但首先你要知道这一点，不要让它成为你们的障碍，而是成为你们不断了解自己的一种方式。

愿言配德兮，携手相将
——爱情之道

李淑臻

教师简介：

李淑臻，复旦大学心理健康教育中心专职心理咨询师、中国心理学会注册心理咨询师、上海高校心理协会认证督导师。

我是一名专职的心理咨询师，在工作中接触过不少因为恋爱关系而产生心理问题的案例，见到过恋爱当中的浪漫，也见到过非常多因为恋爱而产生的内心痛苦。《爱的艺术》这本书的作者艾里希·弗洛姆曾经说："几乎没有什么活动，像爱这样以极大的希望和期待开始，却以有规律的失败而告终。"我不知道大家听了这句话之后什么感觉，我觉得是一语戳人心。其实恋爱本身并不是导致心理问题的真正原因，或者爱情本身不是导致心理问题的真正原因。在萨提亚家庭治疗中有一个非常重要的观点：问题本身不是问题，如何应对这个问题才是真正的问题。怎么来解释这句话？我就用司马相如和卓文君的故事来给大家解释一下。

司马相如用一曲很有名的古琴曲《凤求凰》博得了才女卓文君的心。人生若只如初见的话，人生就很美好，爱情也很美好，但是人生当中不如意之事往往是十之八九。司马相如在后来功成名就之后产生了休妻的念头，于是就写了一封信给卓文君。信的内容是"一二三四五六七八九十百千万"，之后是"万千百十九八七六五四三二一"。其实聪慧的卓文君看到这封信的时候，她就一下明白了司马相如的心意。在这封信中已经没有那个"亿"了，个十百千万亿，已经无意。卓文君非常的伤心，但是她非常节制地回了一封信。我想很多朋友可能知道这封信，这封信的开始是："一朝别后，二地相悬。只说是三四月，又谁知五六年？七弦琴无心弹，八行书无可传……"我们可以看到才华横溢的卓文君，能够巧妙地把司马相如信里的内容融合在她的回信中。最后一句是："噫，郎呀郎，巴不得下一世，你为女来我做男。"其实知道他们故事的朋友就很能理解卓文君看到这封信的时候那种难过和伤心。但是卓文君处变不惊，临危不乱，即便是愁肠百结，也能做到有修养，然后就写了这样一封回信。一般人可能一哭二闹三上吊，这个婚也就真的是无意了。但司马相如看到这封信之后，大为惭愧，打消了休妻的念头。

通过这个故事我们可以知道，爱情或者婚姻的状态，其实是两个人在各自的人格基础上呈现出来的一种活动状态。恋爱或者婚姻状态好不好，其实跟两个人的人格成熟度相关。所以，爱情本身不是带来心理问题的一个原因，爱情中出现的问题本身也不是真正的问题，如何去面对爱情，如何面对爱情出现的问题，才是真正的问题。

我今天分享的内容标题叫"愿言配德兮，携手相将"，这句话的意思其实就是希望我能够配得上你的德行，和你携手共同奉行德行，以成就作为一个人的高贵品格。为什么讲爱情的时候用了这样一个主标题？"现代三圣"也即"新儒学三圣"之一——马一浮，他年轻的时候在美国体验了一些经历之后，就深深地感觉到了西方文化和东方文化的不同。西方文化终究是建立在物的基础上，它和我们东方文化中以德为核心，偏重心性修养的文化是非常不一样的。所以爱情这个主题，其实也和我们文化当中的德行部分是有呼应的，德行是我们文化的核心，爱情也是文化中的一个表现，所以这两个部分是有必然联系的。

"愿言配德兮，携手相将"，这句其实是出自司马相如的《凤求凰》。这篇赋其实很好，意境很好，也很美，他说"有美人兮，见之不忘。一日不见兮，思之如狂"，听上去好像很肤浅，只是看色相。现在美人的意思往往是在皮，就在外貌上，而在古代我们从《离骚》中知道，"香草美人"其实是用来比喻有德性的人。《诗经》中说"关关雎鸠，在河之洲。窈窕淑女，君子好逑"，我们常常用这样的一句话去展现男性和女性在婚姻关系中的一种状态，但其实在现实的生活中，称得上君子和淑女的人还不是特别多。

同时现实的生活也告诉我们，爱情其实往往是始于外貌、陷于才华、忠于人品。人品是什么？就我个人而言，人品其实就是一种德性。为什么说是忠于人品？我们通过一个例子来解读一下这句话。

李清照和赵明诚是才子佳人，李清照的才华也是巾帼不让须眉，他们两个人度过了"赌书消得泼茶香"的幸福时光。但是在1129年赵明诚担任江宁知府（相当于现在南京市市长）时，有个官员叫王亦，他要发动兵变，最后时刻朝廷镇压住了这个事件。天亮之后，有人发现赵明诚为了个人的生死而不顾全城人民和军人的安危弃城逃跑了。这个事情发生之后，李清照就对丈夫非常失望。这可能是一对在学术上志同道合的夫妻，最终却因为人品问题而情感破裂。当然这也是猜测，是我个人的想法。李清照后来写下了"生当作人杰，死亦为鬼雄。至今思项羽，不肯过江东"的诗句。有的恋情，有外貌就够了，但是有一场善始善终、能够互相支持、让生命更加丰满的爱情，德行才是最重要的一个核心。

一开始提到弗洛姆，还有一段我觉得很有启发的话，他说："我们对爱有极大的盼望，知道爱是一个非常美妙的体验，这是我们知道的关于爱的部分。但是我们极容易在爱当中受伤，给我们伤害的往往就是另一部分，我们还不知道的，关于爱的部分。"所以今天我也想从这两个视角，东西方的视角，来看一看一些关于爱的我们不知道的部分。这是一个比较长的开头，其实我觉得这个比较长的开头已经讲明了核心和主题。

我要讲的主要内容，第一个部分是爱情的起点，即"心灵断奶"后的孤独。第二个部分是爱情的助攻，即青春期荷尔蒙的分泌，这个部分我讲得稍微少一点，因为大家都很了解。第三个部分是爱情的目标，是人格的升华和生命尽头的安然。这是我个人的一些思考，不一定是全然正确的，有兴趣的、有个人想法的都可以留言，一起去讨论、去辨析。第四个部分我想从中国传统文化中得到的关于恋爱关系的启示和大家做一些分享。其实我说得比较肤浅，中国传统文化博大精深的部分我还没能驾驭和理解，只是一个分享。

01 爱情的起点是"心灵断奶"后的孤独

爱情的起点是"心灵断奶"后的孤独，为什么这么说？为什么要重点讲前面的部分？我今天比较少地讲技术（关于恋爱当中的技术），是因为我觉得恋爱这个主题，如果更多讲技术的话，就好像是在种地的时候教你怎么样去选种子和撒种子，但如果土壤是一片盐碱地的话，再好的种子也是白费的。其实现实生活中有很多人会抱怨说自己的爱情之果怎么这么干瘪，其实他忘记了爱情的土壤是需要做一些修整和改善的。所以我主要讲的是怎么样准备好土壤。当自己的土壤肥沃了之后，让种子发芽其实并不难，也更容易种出丰硕的爱情之果。有一句话说："你若盛开，蝴蝶自来。"

爱情的起点是"心灵断奶"后的孤独，这样一个讲法到底是什么意思？我们可以回想一下我们的人生历程，对于绝大多数人来说，在心灵上确确实实体验到自己有缠绵不去的烦恼，大概是在哪个年纪？不知道大家有什么样的想法，其实从一些观察或者从心理学的一些学习中来看，答案往往是：在感觉到没有人真正懂你和理解你，而又很希望有人真正懂你和理解你的时候。这个时候是什么时间？其实就是青春期。

再来看一下人的成长过程。其实婴儿刚出生的时候，在一定程度上他是一片混沌的，没有自我的概念，也没有他者的概念，不能区分什么是我什么是非我。所以从客体关系现实的角度来说，刚出生的婴儿，两个月之内和他的母亲（或养育者）是处于一个共生期。在共生期，母亲和婴儿是高度粘连在一起的，母亲吃什么，并不是母亲需要什么，更多的时候是婴儿需要什么。了解到这个部分之后，有没有感觉到这和热恋期很像？热恋期两个人不分彼此，心灵上高度融合，情绪上也高度融合，幸福感爆棚，所以在这个时候也是一个婴儿期。

回到一个人的发展。当孩子能够独立行走的时候，在身体的层面上获得了第一个层次的分离。但这个时候他心理上依然是依赖着父母的，尤其是母亲，所以这还没有达成一个真正意义上的分离，也没有真正意义上的孤独体验。即便是学龄期的小孩，对于大多数的孩子来说，基本上是没有那种称得上是永恒的烦恼的，除了那种被过分忽视的，被过分高要求的，甚至被虐待的孩子。

青春期有些时候，对于很多人来说，内心的那种不被理解，渴望被理解但是获得不了的那种淡淡的忧伤，好像是孤独体验的心理基础。到了青春期，人在生理上其实已经接近一个成人了，他已经不再那么依赖父母了，这时候就意味着他开始有了独立的自己。当一个人有了独立的自己的时候，就意味着他有很多话可能不会随便跟别人讲了。小孩的时候，有任何的想法，做了些什么事情，有什么感受都要跟爸爸妈妈去讲。当一个人进入青春期，有了自我之后，也就意味着他有了属于他自己的个人边界，也就意味着他已经有一些秘密，不跟别人讲了。其实保守一个秘密，对人来说是有要求的，一个人是独立的，并且是有力量的，他才能真正去保守一个秘密。如果不是一个很独立的人，或者说力量感、自我功能不是很强大的人，他往往像是一个无法保守秘密的小喇叭，会把很多的事情全都说出去。青春期的少年有了他的秘密，但他又不能随便跟别人讲，这时候就特别想要找一个能够真正懂他，能够全然地接纳他、关心他的人。在象征意义上来说，都是去体验一个孩子回到完美的、理想的母亲怀抱的感觉。那就是我的一个眼神，你就懂我想要什么，你就愿意给到我，你的一个动作我也知道你想要什么，我也能够给到你。这是两个孤独的人高度融合在一起的状态。所以，这就是青春期的时候，让我们因为分离而产生了一些萦绕不去的烦恼和孤独感的原因。这时候反思能力尚不足够，但又特别渴望找到另外一个人去融合，再加上青春期荷尔蒙的分泌，这就会促进我们对于恋爱的需求——想要找一个人，达到内心的一种共鸣，一种融合。

02 恋爱的助攻是青春期分泌的荷尔蒙

关于青春期分泌荷尔蒙是恋爱的助攻，这一点我就不讲太多了。到了青春期，性征开始发育之后，再有那种爱情的感觉，可能才能称得上是真正意义上的爱情，因为这时候开始跟性有关系了，而在这之前其实很少跟性有关系。就像我们有一个内置的系统，到了青春期，内置的按钮就被按下去，我们就会启动一个跟性相关的部分，这是恋爱开始的一个助攻。

03 爱情指向人格升华和生命尽头的安然

当恋爱开始有助攻之后，爱情要走到哪里去呢？我认为爱情也是有目标的，它的所及之处指向的是人格的升华和生命尽头的安然。为什么这么说？恋爱关系给我们带来很多愉悦的体验，但同时也让我们不得不去面对一些原本在一般关系中可以逃避的冲突以及情绪。如果你不喜欢一个人，你可以不跟他来往，但是在亲密关系中，你很讨厌他，但是你曾经又深爱过他。21 天会养成一个习惯，恋爱超过 21 天之后，你也会常常觉得比较难结束这段关系，即使形式上结束了，在心里仍然还有很多的纠缠，所以这时候就让你不得不去面对恋爱中的一些痛苦。直面这些痛苦，就有可能会带来心灵层面的整合。

为什么会有可能呢？在现实中我们能够看到很多强制性重复的例子。有些人在恋爱中经历了一些痛苦，痛苦结束，这个恋情也结束了，他能很快地投入下一段恋情，但在下一段恋情中，他再一次重复了之前恋情的模式。这个例子就解释了强制性重复，这是从精神分析的视角来说的。如果一个人不断地强制性重复，就没有办法达到整合。如何去达到整合？在萨提亚模式中有这样一句话——"人们因为相同而连接，因为相异而成长"，什么叫"因为相异而成长"？就是人和人之间有不同，有不同就有矛盾，有了矛盾之后就有痛苦，通过矛盾的解决，会让我们获得成长，这个解决也是一个有效的成长性的解决。其实很少有人能够在没有痛苦的时候主动成长和改变自己。

《论语》中说："生而知之者上也，学而知之者次也；困而学之又其次也。困而不学，民斯为下矣。"这是说，有些人他生来就知"道"，这里的"道"不是知道一件事情，而是我们文化根基中的道和德。生来就知"道"的是上等人；经过学习后才知"道"的是次等的；遇到困境和痛苦了才去学"道"的，又是次等的；还有些人是遇到了困境和痛苦，还不去学的，就是下等的。这个下等并不代表着没有价值、没有权利，它更多的只是因材施教的一个出发点。

爱情会给我们带来愉悦感，同时也会给我们带来痛苦的感觉，这在于两个人性格的相互磨合。其实性格当中的磨合，在一定程度上反映的是，对于和我们不同的观点想法、行为模式、兴趣爱好和价值观的那些人，我们如何跟他们和平共处，磨合其实就是在协商这些事情。这是我个人的观点。

我们生活中所有的事情，其实都是指向人格的升华和生命尽头的安然，爱情也是这样。在爱情当中发现自己、认识自己，然后看见别人、懂得别人，最后达成一种人格的升华。在升华之后，它带来的是什么呢？是创造一种在自我意识参与下的人生。什么叫在自我意识参与下的人生？简单来说，如果没有自我意识参与，我会感到我不想这样生活，但是我不得不这样，就会很痛苦，这就是一种被动地活着，这就不是一个自我意识参与下的主动选择的人生。所以爱情或者恋爱的目标是人格的升华。恋爱关系其实是双方心理成熟与否的一个试验场，就像司马相如和卓文君的故事。但两个很努力的人可能无法有一个很好的关系，努力其实并不一定说明人格的成熟，恋爱关系也是双方人格成长的一个修炼场。如何让爱情能够有这样的一个功能，这需要对爱情有更深入的认识和了解。如果对爱情本身没有更深入的理解，那我们可能对爱情有很多误解，就没有办法借着爱情让我们去成长和发展。

①爱情带来的几个问题

首先，我们来看一看我们这个时代的爱情到底是什么样子的。

目前整个大的背景是一个工业的社会、工业的文明，但是我们东方的文化其实是以农耕文明为基础的，它是发源于农耕文明的。复旦大学历史学系的一个教授叫韩昇，韩昇老师说过："工业文明是西方的工业文明，其实是一种后会无期的文化。"他什么意思呢？就是说，我们在将来是没有交集的，我在当下见到了你，但在将来我们不会再见。所以他们（西方）非常强调当下的公平和契约，这个情况下就会过于强调自我，强调自我有没有获得我想要的，强调我的感觉好不好。用到爱情当中，变得好的话我们就在一起，不好的话我们就分开，因为我们也不会有将来，这是工业文化带来的影响。

农耕文明又是一个什么样的状态呢？它是一种后会有期的文化。农耕文明当中对于物欲的追求，对欲望的快速达成，期待并不是那么高的。因为有四季的更迭，所以大自然决定了什么时候收成就什么时候收成，这不是人为来决定的，这是农耕文明的起点。我是在农村长大的，我记得在我小的时候，经济条件都不是很好，到春天的时候，每个人都要谋生，就会有卖小鸡仔的人——带着一个很大的筐，筐里面放着一些毛茸茸的小鸡仔，然后走乡串户地去卖小鸡仔。当时那些买了小鸡仔的人，并不是立刻就给卖家钱，他们相互都不认识，但是卖鸡仔的人也不会跟你说我是不要钱的。到了秋天，小鸡长成了母鸡，开始下蛋卖钱了，卖小鸡仔的人再来收钱，也没有人欠账。农耕文明的状态下，人们的流动性很小，知道了在哪个村，住在哪里，下次来就一定还会找到，所以这是在顺应自然规律的状况下去互相扶持的生活。我觉得这在狭义上也是一种命运共同体的概念，其实恋爱最终也是要形成一个两个人的命运共同体。

这个观点不是我的原创，这是我从上海的一位老师那里学习来的。因为追求物质的满足，工业文明强势进入了东方世界。在工业文明入侵的情况下，农业文明下的你要去寻求存活，就会很快地认同工业文明。比如，现在温室大棚很多，人们也不再遵循自然规律去种地。在这样的背景下，我们再来谈爱情。爱情在有的时候也会沦为一种对于声色犬马的追求。如果没有对这种追求的节制，在恋爱面前往往会吃很多的苦头，容易把人物化。西方文明就是一个以物为基础的文明，很容易把人物化。

上海的一位老师说恋爱就是搭伙过日子，在工业文明没有发展起来之前，看上去人和人之间，两个人之间是命运共同体。但现在的恋爱是一种合伙人制度，我们为什么会在一起呢？如果你能给我带来好的感觉，我就和你继续，如果你不能给我带来好的感觉，我们就分开。在这样的状态下，我们常常通过外在的某些东西，让自己感觉到一种满足或幸福感。但是感觉很有意思，感觉是一个飘忽不定的东西，你今天感觉好，明天可能就感觉不好。有时候你觉得很爱那个人，但是过两天你发现你心里对他根本没有爱，然后过段时间你开始恨他，但有些时候你想想你们曾经也有过很美好的日子，当时他对你百依百顺，对你说好话，你又觉得好像很爱他。感觉这个东西是飘忽不定的，所以用感觉来谈恋爱，往往爱情会比较容易夭折。

其次，在现在这个时代的大背景下，在爱情中，我们想要的是被爱还是去爱？可能很多人会说我既想要被爱，又想要去爱。有些时候你冷静地想想，他们更多说的其实还是我想要被爱。很扫兴地告诉大家，绝大多数人在自己的利益受到损失的时候，首先想到的是要对方来爱我，而不是我去主动地爱，这是我们常常表现出来的一个现状。如果你有过恋爱的经历，你观察一下在恋爱当中，当双方吵架了，你是否能够心甘情愿地为了你们两个人的关系，在对方还没有努力给你一个回应的时候，先去做一些努力，为感情去保驾护航——很多人是做不到的。但我不认为做不到就是不对的，就是全然不好的。我们在很多时候做不到先去爱，没关系，只要知道自己做不到，那就不要太指责对方也做不到，这样心胸就会扩大一点。你的心胸扩大一点之后，你才有空间去思考怎样做才会对爱情、对对方、对自己都是更好的。所以这是关于被爱还是去爱的问题。

还有一个讨论，是关于爱的意图和爱的行动的问题。有的时候我们会说我们很爱很爱一个人，但是我们总是得不到对方的心。其实我们是在用我们的方式去爱对方，但对方并没有任何的感觉，所以要想把我们爱的意图转化成爱的行动真的是需要一定的能力。你很爱对方，但是你有没有在发现他/她很伤心难过的时候指责他/她这么脆弱，嫌弃他/她不积极、不阳光，给不了你开心快乐的体验，会不会有这样的感觉？

其实有这样的感觉的时候，也说明我们虽然有些爱的意图，但是我们的行动并没有传递出让对方体验到爱的部分。我们要去看一看恋爱当中人的状态，我们重视的是爱的对象，还是我们爱别人的能力？

我们常常说要找一个对的人来和我们谈恋爱，到底什么是对的？很难说，因为对的标准太多了。对和错的标准都是很难确定的，每个人可能有每个人的标准。当我们觉得，"我可能就是这样了，我爱别人的能力可能就是欠缺，但是我要找一个对的人来好好爱我，让我自己轻松一点"，我想告诉大家，如果你有这样的一个想法，你要趁早放弃掉，因为这是个幻想，这是一个虚幻的方向，你找不到这样一个人。还有很重要的一点是，当我们带着幻想去寻求一段关系，进入关系，然后以目标执行这段关系的时候，可能是很危险的。为什么说很危险，这涉及当前常常会提到的一个问题——

通过一些方式去控制一个人，刚开始的时候通过甜言蜜语、温情行动来让一个人陷入恋爱，后面通过各种技术和方法去控制这个人的思想。所以在生活中，放下找一个完美的人来爱你，然后自己可以轻松一点这样的幻想。

作为一个人，我们在恋爱中想要去爱还是被爱？我们是不是能够把爱的意图和爱的行为整合起来？我们是不是能够有意愿地去提高自己爱的能力，而不仅仅是纠缠一个爱的对象？当然，任何人都可以谈恋爱，不是所有的恋爱都是极端的。

在我们的文化中，强调的是中正、平衡、不走极端，也就是所谓的中庸之道。我在这里不过多地展开中庸之道这个概念，因为涉及的内容很多，但是这个词绝对是一个褒义词，而且这也是一个人的人格和心灵比较成熟之后才能达到的状态。

②爱情的阶层

讲到了在恋爱中我们个人的一个核查之后，我们再来谈一谈爱的层级是什么。

爱情刚开始的时候是喜欢的感觉，是你喜不喜欢他，他喜不喜欢你，通过喜欢来找到的一种感觉。大家来定义一下，什么是喜欢，什么是爱呢？举个例子：一个小男孩，他走进花园，看到花园里有些很漂亮的玫瑰，就采了一朵。天气很热，走了一段时间之后，玫瑰有点蔫了，他也玩够了，就把玫瑰花给丢了。你说小男孩喜不喜欢这朵玫瑰花呢？他刚开始的时候肯定是喜欢的，但是后来他把那朵花丢了。还有一个小男孩，当他走进这个花园的时候，他看到了玫瑰花，还看到太阳曝晒下的土地有点干，就开始给玫瑰花浇水去照顾玫瑰花。通过这个故事我们就能看出哪个小孩是真正爱玫瑰花的。我觉得两个小孩都喜欢玫瑰花，但是第二个小孩的爱是更明显的，第一个小孩子更多的是喜欢。我刚刚提到喜欢是一种感觉，感觉常常是飘忽不定的，它会变化的，通过这一点就能感觉出来什么是爱，什么是喜欢。

当遇到一个人，你感觉你很喜欢他，你的心里有一种暖暖的、麻麻的或者痒痒的感觉，接下来你会怎么样？你会希望常常见到他，会希望常常待在他身边，然后依恋的感情就出现了。

当你有依恋之后，会想要去占有。人会想要把很喜欢的那个东西标上一个标签，表示这是我的，所以，排他性是爱情当中很重要的一个部分。占有在本质上是对对方的一种物化，很多破坏性的恋爱就是这样开始的。我们通过嫉妒、控制、愤怒等方式来强迫对方，有些时候甚至也会通过讨好这种方式去占有一个人。

占有之后，你会发现对方有些时候也并不是全然地想要留在你这里，接下来我们就开始想要去交换。交换就是我给你这些，然后你留在我这里，我放弃了自我的一个部分，去迎合和顺从，以获得对方留在身边。从长远意义上来说，我们并不会心甘情愿地放弃自己，我们心里还有很多的埋怨、不开心，还会有些委屈，但是我们不得不这么做，因此，往往就有一个秋后算账的问题。你会发现有些矛盾出现的时候，就说明在过去的关系当中，我们那些心不甘情不愿的委屈，需要找一个突破口来清算。

喜欢、依恋、占有、交换这几个阶段，关注的是什么？每一个人关注的都是自己的需求，把自己放在核心的位置，关心自我的福祉，把对方当作一个来满足我们内心需求的对象或途径，这就是物化一个人。这样其实也是没问题的，我们很多的恋情都是这样开始的。但如果我们一直停留在这里，这样的恋爱情况会让我们有很多的伤痛，很多的痛苦。我们想要一个互相滋养的感情，我们就不得不让感情更进一步地发展和优化，就要去成长、去改变。

接下来进入关注这个层次。从关注这个层次开始，我们的出发点开始转向了他人，而不仅仅是关注自己的需求和利益。我们开始关心对方开不开心？是否真的开心？对方心里在想些什么？对自己有什么样的期望？这些期望是从哪里来的？我们开始去好奇、去关注对方，这时候就开始跳出以自我为中心的限制，开始把很大的自我缩小一点点，腾出一点空间，让别人进入自己的心里。

在关注阶段之后就开始有共情。共情是在深入地了解和理解了一个人之后，接纳这个人和你的不同，并尊重这个人和你的不同，从而真正懂得对方。共情之后就会出现一些支持和贡献，因为你很深入地、真正地懂得了一个人，不仅仅是从外貌上了解这个人，你还从他的内心深处，从他最喜欢的部分和他最伤心、最脆弱的部分懂得了一个人，这时候你就跟他建立了很深的连接，开始心甘情愿地去支持他，去奉献你的一些经历和努力。到了这个层次，其实已经是一个很高的感情阶段了。

再到后面就进入一个状态叫和谐。和谐指的是什么呢？我用马克思的一段话来解读一下。马克思说："我爱你这句话当中，看起来我是主语，你是宾语，但是是用爱来连接的，它真正的本质是说，你既是主语我也是主语，你既是宾语我也是宾语。"这句话是什么意思？听上去很难理解。举个例子来说，有些父母在陪孩子玩的时候，孩子很开心，他同时也感觉到孩子在陪他玩，他也很开心。这个陪伴是互为主体的过程，虽然是我在陪伴你，但同时我也感觉到你在陪伴我，你很开心，我也很开心。

在感情当中可能常常有一种现象，比如说你让你男朋友陪你逛街，你的男朋友也陪你去逛街了，但是你发现逛街逛得越来越烦躁，他越陪你你越烦躁，那就是因为这个陪伴并不是真正意义上的陪伴，它只是一种行为上的存在。也就是说，他心理上其实是疏离的和不耐烦的，而这时候就有一种信息传递出来——你对我其实并不重要，但是我要你觉得你对我重要，我在行为上这么做了，你也无话可说了，你可以得到我实物的人，但是你却得不到我的心，这是一件很令人挫败的事情。所以，你感觉到内心的那种烦躁，但是你又说不出来，你没有理由去指责他，这让你更加烦躁和愤怒，这就是不和谐。

和谐就是陪孩子的父母同时感觉到孩子其实也在陪伴他的生命。这是在更高层次上两个人的合一，内心就真的成了一个命运的共同体，或者说在心理上有共振了。通过这样的一个过程，我们就从刚开始的关注我，到后来的关注你，最终进入一个"我们"的境界。爱情当中的三角，一个是你，一个是我，还有一个是我们，这三个点构成了爱情的完整性。通过阶段性的关于爱的表达，会发现有些时候喜欢是放纵的，而爱是克制的，这句话大家也耳熟能详了。

③爱情的发展阶段

通过爱情的发展阶段这部分，我们将更清楚地了解爱情，认识爱情当中的人，从而让爱情能够实现帮助我们提升人格的成熟度，让我们的人生走到尽头的时候能够安然地去面对。爱情的发展阶段理论是出自《懂得爱：在亲密关系中成长》这本书，大家如果有兴趣可以去看一下。

爱情的第一个阶段叫浪漫期。浪漫期我就不太多地进行展开了，大家都很理解。在这一时期就是感觉自己遇到了一个对的人，即便在外人眼里是那人的缺点，但自己也觉得那是恋人的美好的特点。他不拘小节，你可能觉得他很随性；他对你生气，你可能觉得他很关心你。我们常说热恋的人智商是不够用的，在某些方面，他们退化成婴儿了。同时，热恋期还会有多巴胺的分泌，多巴胺我不过多展开，这是生理意义上的，我觉得也是一个恋爱的助攻——多巴胺分泌之后，我们的愉悦感就会增强。但是多巴胺也靠不住，它分泌了一段时间之后就不再分泌了，原因也挺有意思的，大家可以去思考一下，在这里我就不太多地去展开了。

浪漫期一过，爱情就会进入权力斗争期，从权力斗争期开始双方就互相不满，常常感觉对方变了。其实对方一点都没有变，只是我们在热恋期的时候，遇到的对方并不是他的常态。比如说一个男生在女生不舒服的时候，他正在跟同学打游戏，当这个女生要求帮助她的时候，这个男生也不怎么回应，只是说你多喝开水，这时候这个女生就会感觉心凉凉的，两人在关系上也可能往不好的方向发展了。女生会觉得他怎么变了，他以前不是这样的。其实很久以来他就是这样的，在热恋的那段时间偶然不是这样而已，那段时间是个例外。这也不是有意为之，这是年轻人恋爱过程中的一个规律，他是这样的，所有年轻人在这个年龄阶段基本上都是这样的。但如果你没有看清楚这一点，反而这时候开始用控制、指责、怨恨的方式想要去改变对方，期望对方成为自己以前看到的那个样子，这时候往往会两败俱伤。所以，权力斗争是非常考验人的，会让我们不得不去面对我们内心的失落和痛苦。

如果直面失落和痛苦之后，真的成长了，改变了，领悟了，你就会真的在人格上获得成熟和发展。我们常常认为浪漫期好像才是真爱，其实，浪漫期根本不是真爱。真正的爱从来不是在阳春三月的时候加一把火，锦上添花，而是在寒冬腊月的时候能够送来一捆柴，让我们感觉到雪中送炭。对于一份感情的珍惜，其实是看在寒冬腊月时期双方是否有能力给彼此一捆柴来雪中送炭，是否能够先主动地为感情做一些考虑和努力，这真的在考验一个人的人格是不是成熟。很多时候我们经不住考验，关系就在这里结束了，但有一些关系它是能够继续往后走，进入一个整合期。

整合期是什么？就是不再指责对方。"你怎么这么晚了还不来接我？

你怎么一直打游戏也不来陪我？"这时候要把指责和抱怨的习惯放下，开始去懂得和理解，对对方好奇，甚至在对方没有来照顾你的时候先把自己照顾好，以及看清楚自己在矛盾面前的一些习惯性的反应对于关系的阻碍。在面对矛盾的时候，有些人习惯讨好或指责，有些人习惯讲道理，用这些方式去面对关系，往往也会陷入无效的死循环。只有当看清自己的一些模式之后，开始有主动性地、有意识地去改变，这些才会开始整合，按照心灵成长的需求进行整合。有些人比较困难，需要借助专业人员的协助，才能有一些成长。

经过了权力斗争期，走到了整合期，我们就有机会进入真正的爱情期，这是种爱情的成熟期，我们开始放下对别人的那种不切实际的期待。我们之前常常期待着只要我不开心，他就能够在我身边支持我，只要有风雨，他就能来帮我遮蔽。到了爱情的成熟期，你会发现你不再那么强烈地期待，即便是你有期待，对方没有这么做，你也没有那么多痛苦和绝望。你是有一点点的失落，但同时你在想还能去做什么。你也不再期待着你和对方能够有"心有灵犀一点通"的感觉，你开始在必要的时候坦然地去表达，如果对方没有做到，你也能够平和地接受。在关系当中你能够有一种归属感，这时候爱情的基础不是一种喜不喜欢和爱不爱的感觉，而是你找到的某种东西。找到了什么呢？这很重要，但也不是那么容易达成——你找到爱情的意义。爱情的意义是什么？你和这个人在一起的意义是什么？这个意义不是外人可语的，而是两个人在一起的磨合——争吵、沟通、交流，包括对自己生命的反思、成长的反思。

你找到了意义，这个时候就是真爱期。你要真正地走入真爱的殿堂，还是要经历很多考验，其实这也是自然之道，要进入一个美好的境地，必定要经过一番痛苦。我们的诗句里说得很多，"不经一番寒彻骨，怎得梅花扑鼻香"。

这些就是爱情的发展阶段，再看一看爱情的发生层次。

④爱情发生的层次

爱情发生的层次，第一个层次就是物质层面上，物质层面上也是有爱情的。这个物质是指物，不只是钱，而是实实在在的客体。在这个层面上来谈爱情，往往和性、激情有关系。在生物层面上谈爱情，我们还会谈到什么？不仅有激情，还有亲密的感觉。生物层面上谈爱情，我举一个例子是罗密欧与朱丽叶的故事，可能有一些偏颇，但这是一个大概的感觉性的表述。

第二个层次就是在生活的层面上，在心灵生活的层面上来谈爱情，已经有了生物层面上的一个需求，更多关注的是心理层面上的需求。我举的例子是杨绛和钱钟书先生的爱情。其实我觉得他们的爱情不仅是在生活层面，他们还有更高的层面。

那更高的层面是什么呢？在生命的层面上说，爱情就是意义感，这对应着斯滕伯格的爱情三角理论当中的承诺。生物层面上是一种激情，生活层面上是一种亲密的需求（是心理上的亲密，而不是身体上的亲密），生命层面上的意义是一种承诺，这个承诺不仅是说"我一定要跟你白头到老"，它也是真正的、有效的，本质性的承诺，是在生命意义上的一种承诺，因此能够达成。

这里可以简单来讲讲卡尔·马克思和燕妮的故事。燕妮是一个德国的贵族，当时马克思他们家里也挺富有，但是马克思家是平民。在当时，贵族和平民的结合是有很多阻碍的。但是燕妮和马克思就是相互很喜欢，他们两个人很有感情，燕妮毅然嫁给了马克思。马克思的人生理想是为人类而工作，他的女儿曾经问他一个问题，女儿说："爸爸，你最大的特点是什么？"马克思回答说："是我的目标始终如一。"在中学时代，马克思就确立了一个个人的目标——为人类而工作。后来他写各种理论性的著作，都是为了实现人类的解放，这是很高尚的一个目标，他也不断地为这个目标去努力和奋斗。燕妮也非常欣赏和认可这个目标，因此始终如一地支持他。

两个人结婚之后，因为马克思有这样一个人生追求，他受到很多国家的流放，甚至是迫害，他们的生活是很苦的，但燕妮从来没有抱怨过。她在流亡的途中，为了照顾家庭，为了生活，四处借钱，甚至典当了祖母给她的一些嫁妆，只是为了让马克思专心地投入事业。马克思的字迹非常潦草，每次在复印前都是燕妮亲自誊写一遍。如果没有燕妮无条件的支持，马克思的这些著作也不太可能那么顺利地问世。对于这些，燕妮曾经说帮马克思誊写潦草的文稿是她一生中最快乐的时光。当燕妮生病的时候，马克思也是在床边用心地照顾她。他们两个人的晚年生活非常恩爱。

所以，在这个层面上的爱情已经超越了现实的冲击，到了更高的、我们很多人所追求的"灵魂伴侣"的境界。

04 中国传统文化给恋爱关系的启示

关于中国传统文化给恋爱关系的启示，我将结合爱情的发展阶段来解读。爱情刚开始的时候是浪漫期，接下来就进入权力斗争期，然后进入整合期，最后进入成熟期。其实这也是任何一个团队（两个人及以上就能形成一个团队）的发展规律。浪漫期、权力斗争期、整合期和成熟期，可以这么简单地划分。

浪漫期，两个人之间互尊互敬、相敬如宾、为对方的福祉考虑。我们的文化是很强调"以仁为本"的，也很注重礼仪，所以在这个阶段，我们既有"仁"又有"礼"。"仁"是什么？互爱，两个人之间互亲互爱叫"仁"。

"礼"是什么？首先在内心深处对对方有一种尊重之感，这是"礼"的一种核心的本质；然后对外在的行为有所克制，根据规范来行事，而不去做一些不得体、失礼的事情。所以在浪漫期，两个人是有仁有礼的。

但是到了权力斗争期，就出现了失仁失礼，因为我们不再互相亲密了，这一时期我们肆意地去宣泄情绪，而对方也不再有尊重和重视了，这就是失仁失礼。在失仁失礼的阶段，矛盾升级之后关系就结束了。

整合期是什么呢？我们叫反求诸己。《孟子》当中有一段话说"行有不得者，皆反求诸己，其身正而天下归之"，意思是说凡有行为得不到预期的效果，就应该反过来检查自己，只要自己身心端正了，天下都能归顺。其实讲的是个人的修身。"反求诸己"，只有两个人都反求自己，才能真正进入成熟期。

进入成熟期，需要继续反求诸己，也就是修身。怎么修身呢？诚意真心——每一个念头我们都真诚地去做。当然，这是很简单的解读，我们的心能够在一个中正平衡的位置上，我们的仁和礼都重新归位。怎么样才能达成诚意真心？"格物致知"，这是《大学》中的一个逻辑。格物致知是什么？格的是什么？格的是心里的一些不良的东西，其实也可以把它理解为克己——克制自己的懒惰，不为外物所诱惑，在行为上克制自己。孔子说"克己复礼为仁"——克己复礼，也会重新回归到有仁有礼的状态。这就是我们文化的核心，这是对发展出成熟的恋爱关系的一个启示。

最后，再通过一个文学作品来看一看爱情。《尚书》中说"诗言志，歌咏言"，诗是抒发志向的，而用歌来长久地咏诵，就不会忘记。《诗经》和楚辞是中国文化的一个起源，《诗经》中的第一首《关雎》："关关雎鸠，在河之洲。窈窕淑女，君子好逑……"读起来朗朗上口，也会感觉是一种非常纯洁的感情。孔子其实很推崇这首《关雎》，他也说："《诗》

三百，一言以蔽之，曰：'思无邪。'"《关雎》写的就是男女之间的感情，但是一般人写感情如果没有节制，则容易流于俗魅，但《关雎》就非常的纯洁。

我们可以再来看一看王维和温庭钧的两首诗词。

《相思》

王维

红豆生南国，春来发几枝。

愿君多采撷，此物最相思。

《南歌子词二首/新添声杨柳枝词》

温庭筠

一尺深红蒙曲尘，天生旧物不如新。

合欢桃核终堪恨，里许元来别有人。

井底点灯深烛伊，共郎长行莫围棋。

玲珑骰子安红豆，入骨相思知不知。

大家读了这两首诗词以后有什么感觉？王维被称作"诗佛"，他的诗中是有禅意的；温庭筠是"花间派"的鼻祖，他的辞藻非常华丽、浓艳，内容上多写一些温和之情，他的词也更求精，注重文采和深情。王维写的诗落脚于淳朴和节制的日常生活，他没有说爱情，表达相思，他只说你要去多采几枝红豆，借物抒情并没有说其他的。

再回看马克思、燕妮，他们是落脚于有高远人生意义追求的层面上的感情。所以，我个人觉得不论是马克思和燕妮的对人生意义的追求这种类型的爱情，还是中国诗歌中的隐晦表达的爱情，这两种类型的爱情不容易流于俗魅，能够给我们带来人格的升华，当我们到了生命的尽头，我们也可以安然地面对人生。但是落脚于声色犬马，在物质和感觉层面上满足的爱情，可能在很大程度上很难给我们带来人格的升华。所以，古代一些文人，他们往往会有一些高远的目标，比如说张载的"为天地立心，为生民立命，为往圣继绝学，为万世开太平"。两个人有共同的目标，为了人类的事业而奋斗终生，在这个背景下，人生很难没有意义。

所以，我想现在大家可能知道了在什么意义上的爱情是能够让我们感觉靠谱的，并让我们信奉的，那就是灵魂伴侣式的爱情。当然了，这是个很高远的理想，目前无法企及也没有关系。但是我们有这样的一个念头，我们知道有这样的一个方向，我们念念不忘，必有回响。

我在此再说明一下，其实以上的一些内容是我个人的一些思考，难免有一些偏颇之处，如果大家有不认同的地方，也请不吝赐教。你觉得有些部分对你有帮助，你就带走；如果你有不认同的部分，觉得对你没有帮助，甚至你认为那是不对的，你也可以把这些内容留在当下的时刻。

问题互动：

1. 老师您刚刚提到的"因相同而联结，因相异而成长"，我想问一下爱情里面两个人的性格相同好，还是性格相异好？

要把这个问题说得很透彻还是有些难的。相同是因为我们内心都有共同的一个需求，我们都需要被爱、被认可、被支持，我们也都想要给予爱，让我们的生命有意义，让我们的人生感觉到自由。就这样一种心理需求而言，我们每个人都是有的，而这些东西让我们相互联结。当你和一个人有交流时，你对他有了很深的理解后，你就会发现你更愿意和他靠近，你更愿意和他联结，因为在内心深处你懂他，他也懂你，这就是因为相同而有所联结。

但是两个人就算关系很好，一段时间之后你也会发现有矛盾出现。矛盾说明我们在外在表现上是有不同的。虽然内在的需求上我们是一致的，我们可以联结，但是外在的行为表现上，你喜欢吃辣，我喜欢吃甜，然后你喜欢吃脆的，我喜欢吃软的，两个人可能吃不到一块去，然后开始有矛盾了。有了矛盾之后怎么办？总要去面对这个矛盾。如果我们没有办法很好地解决，就没有办法做到尊重对方，没有办法成长。但是，如果你的内心开始开阔了，不仅仅站在你的立场上认为你是对的，别人全是错的时，你的内心也能够开放，这就是我们所说的"开心"。"开心"其实就是让我们的心再开阔一点，开阔一点你的内心就会很顺畅。当我们内心紧闭的时候，就是站在自己的立场上，不去接纳那些和我们相遇的东西，这时候我们就很紧张、很封闭。但当我们开阔了之后，有些东西即使并不喜欢，但还是尝试去理解甚至接纳了，我们就开阔了，就成长了。

性格上相同还是不同？本身不是大问题，更重要的是不管你是什么样的性格类型，你都有一个开阔的心，有为别人着想、为别人好的心，尊重他人、重视他人，就是有"仁"；同时在你的行动上又有礼仪，这样不管什么样的性格，你都能很好地和别人互动。但在爱情的吸引上，我们不是和任何人都可以谈恋爱，有些人很优秀，但你对他没有感觉，有些人他可能并不优秀，但是你心里就是觉得好想和他有一段很亲密的关系。这个部分和我们的潜意识有关，潜意识又和我们过往的经历，或其他一些东西有关。

美国心理学家约翰·威廉·曼尼提出"爱情地图"理论，这个"爱情地图"是在我们童年时代无意识形成的，我们在爱情地图的指引下去找到那个人。我们和那个人谈恋爱、结婚不是偶然的，它是有内在潜意识指引的。所以，有些时候很难说哪一种性格一定是好的，或一定是不好的，目前也没有数据去研究证实。

2.从前车马很慢，可以用很长的时间去爱一个人。现在这个时代感觉什么都发展得很快，如果不能快速感受到恋爱的感觉，两个人很快就会错过。那么在这样的时代背景下，我要怎样去抓住属于我的爱情呢？

这个问题挺有意思，有时候我们觉得好像我们要抓就能抓住一样。我要泼盆冷水，也就是说，我们是抓不住的。我们往往还是会以工业化的思想来认识爱情和世界，认为我只要努力了，我就能达成，或者说我很努力地追逐了，我就能够获得，这其实是对外部世界的一种物质做法。爱情其实是一种心灵上的感受，心理上的一个东西。你要追求的爱情，那是个人，那不是一个物，那个人有独立的人格，他有自主性，他有他的感受，他有他的行为方式。前文有一个主题是"追还是吸引"，我觉得讲得很清楚，很多时候你准备好了，你的土壤肥沃了，然后有种子撒下，你的爱情之树就长起来了。而当土壤贫瘠的时候，是不会有种子撒过来的。不知道我这么讲有没有回答这个问题。

3.如何识别是否被对象控制了？

刚刚也提到，有些时候我们感觉被控制了，但我们常常去否认它，因为直面这个部分会让我们很痛苦，这意味着那个人其实不是真的重视我，甚至不爱我。不被重视、不被爱的感觉会让我们很痛苦，所以有的时候会用那种"他其实就是爱我，他并没有控制我"的方式来抵御现实。有些时候这样的防御会带来很大的问题。如果你感觉在这段关系中并没有那么开心，或者说并没有脱离痛苦，你可以找一个咨询师聊一聊。有时候你自己一个人可能不足以判断和分析，但你不要找朋友，因为朋友之间会有一些熟人的关系，我觉得不太客观，你就去找一些还比较客观的第三方聊一聊，他们不一定会给你答案，但会向你提问，那样会让你更加清晰。

男女大不同
——两性恋爱心理行为差异解读

刘明波

教师简介：

刘明波，复旦大学心理健康教育中心主任、副教授，中国心理学会临床心理学注册工作委员会注册督导师，上海高校心理咨询协会常务副理事长，中国心理卫生协会大学生心理咨询专委会常务委员、副秘书长。

爱情，可能对一些人来说充满了幸福，可能对一些人来说满是辛酸和苦痛，当然有些人可能两者皆有。到底什么是爱情？这恐怕是自人类文明开始以来就一直存在的问题。这里我先做一个简要的说明，我们讲的是"男女大不同"，副标题是"两性恋爱心理行为差异解读"。所以我们的主题是传统的男女两性双方的恋爱择偶问题，围绕这个主题进行有关心理学研究的解读，其他类型并不在讨论之列。

说到爱情，相信大家一定会想到很多美好的，或者是凄美的，或是其他各种脍炙人口的爱情故事。国内外都流传着许多关于男女两性间美好爱情的故事，或者充满了波折阻碍的艰辛的爱情故事。中国古代有梁山伯与祝英台、孟姜女哭长城、牛郎织女等既美好又凄惨的故事，令人印象深刻。西方也有类似的故事，像罗密欧与朱丽叶等等。那么这种非常复杂的、让人欲罢不能、毫无保留而全身心投入的感情到底是什么？什么是爱，什么是爱情？这是一个直抵灵魂的问题。爱情来敲门了吗？他爱我吗？我爱她吗？她为什么又不爱我了？这些经常会成为青春年少时期男生女生们的追问和追寻。

现在许多小朋友们特别喜欢从星座的角度去预测自己的爱情指数、匹配自己的桃花运，还有两个星座之间合不合拍这样的问题。以爱情、星座为关键词，在百度上有 7 300 多万条相关的记录，说明这个主题受关注程度非常高，相关的解说也非常多。那么这些是不是就足以让我们对爱情、对爱这个问题有全面、深刻的了解和认识呢？其实还不一定。有些故事会经常碰触我们的敏感神经，非常容易形成舆论的旋涡，所以刚刚报道的时候，有非常多的关注。这些都说明我们对于爱情，对于传统男女两性的关系，都具有敏感性。尤其涉及金钱、忠诚、年龄差异等方面的时候，更加容易引发我们很多人的敏感反应——到底什么是爱，什么是爱情？为什么人类需要这样的一种说也说不清，道也道不明，又不能缺少的复杂的感情呢？从道理上讲没有必要，如果说进化是让我们变得更加强有力的话，这么折腾我们的东西为什么还保留在我们人类物种的精神世界和生理活动中呢？所以这个部分到底是什么？为什么我们人类需要爱和爱情？男性女性心目中的爱或者爱情是不是同样的一回事呢？我相信很多同学都有过类似的思考，我们当然也不会对它们做出一个特别官方的或者特别科学的答案，只是说希望能够通过一些信息或者是一些心理学研究的有关发现以及有关现象，来帮助大家进一步思考这些问题，也许大家会得出一些比之前更深入或者更成熟的答案。

当说到爱情的时候，在很多人心中都有着俗和雅的解读，通常也会想到"高富帅""白富美"，或者"白瘦美"之类的词汇。不知道同学们了不了解扎克伯格，Facebook（脸书）的创始人，曾经有人说他的夫人长相太平庸了，当时还成为一个很热烈的舆论话题。在这些人的心目中，就认为扎克伯格是不是应该找一个更漂亮一点，或者说"白富美"这种类型的，好像这才符合他们对于富翁择偶的这样一个"期待"或"标准"。人们择偶时找"高富帅"或者"白富美"是否就很俗套呢？我们是不是可以更高雅一点，比如说我们的爱情是很纯洁的，没有遭受任何物质的、权力的或者是社会世俗某些东西的玷污，是很纯洁、纯粹的爱情，这会让我们感觉到很雅吗？我们的感情是非常浪漫的，我们不顾世俗的种种约束或者偏见，我们坚定地走在一起，一起慢慢变老，这样的浪漫，是不是就一定很高雅了呢？还有我们常说的相濡以沫走过一辈子，白头偕老；或者说在很大的诱惑面前，双方都保持了非常好的定力，没有出现任何波澜，这样忠贞的感情，是不是就一定很雅呢？

俗和雅是人们对于一些现象在价值上的评价，或者在道德上的一个评判。那么在爱情面前这些东西究竟是不是真的有俗和雅的区分，还是说这些背后其实都有一些共通的地方？我想带大家看一看这些看起来俗的东西和看起来雅的东西其背后会不会有共通的逻辑。这里面可能有些观点会与我们平时所形成的或所看到的一些观点不大一样，主要是为了启发大家去思考。因为关于爱和爱情的谜题，本质上来说并没有完全地解开，所以依然还要靠我们大家一起来进一步地探索，进一步地思考。所以我在这里不在于给大家答案，而在于推动大家进一步思考这样一个过程。

讲到爱情，我们很多人都会想到什么？珠宝、钻石、豪车、豪宅？有的人会想到丈母娘的要求，比如前些年有人说上海房子之所以贵，是丈母娘们炒起来的，因为丈母娘要求女婿结婚之前一定要有房子，所以搞得上海的未婚青年压力都非常巨大，然后房价又噌噌地涨，确实吃不消。所以很多人谈到爱情的时候，首先联想到的就是一些和金钱相关的东西，例如钻石珠宝、豪车豪宅，这也挺正常的。在上海，有一个很著名的相亲地就在人民公园，在人民广场附近，一般人都不去那玩，因为那个地方基本上已经成为"剩男剩女"的父母们在那边不断地为自己的孩子找另外一半的专用场地了。着急的父母们通常会把自己孩子的各种信息清清楚楚地印在纸上面，然后带到公园里面。这些信息一般都是学历、身高、毕业学校、职业，甚至有的人可能把自己大概年薪都写上去，是非常务实的一种做法。当然有些人会看人的品质，这个人是不是很聪明能干，我要不要喜欢他，要不要建立家庭，要不要选择他/她作为伴侣？还有些人则可能注重外表多一些，属于"外貌协会"的，要看对方漂不漂亮、帅不帅气等。也有人关心性格方面，温柔不温柔，勇敢不勇敢等。所以关于爱情到底是什么的问题，是一个很复杂的问题，因为爱情其实是一个非常复杂的架构。除了我们说的传宗接代、生儿育女以外，还有更多的社会属性在里面，比如说我们前面讲到的职业、地位、性格、品性等。

人类为什么需要爱情呢？从生物学角度看，可能是与人类发展进程相适应的进化的结果。我们知道人类跟大多数生物个体一样，是两性繁殖的一个物种，是没有办法自体繁衍后代的，所以一个物种能够繁衍进化到今天，它一定有一个非常强烈的要把自己的基因繁衍发展下去的动机，这是一个最原初的动机。所以，经过了几百万年的进化和繁衍，我们人类基因里面无疑都刻画着通过找自己真正喜欢的或者是匹配的伴侣来繁衍后代的这样一种倾向或能力。因为我们的基因就是这样被选择出来的，所以我们在某种程度上可以认为对爱或爱情的渴求是铭刻在人类基因当中的，它既可以被看作是有助于我们人类从远古时代一路繁衍发展至今的一种特质，深入骨髓地印刻在我们基因里的，又可以看作是有助于人类个体自身生存发展和繁衍的一种本能的需要。所以我们说爱或者爱情它其实是既具有生物学的属性，同时又具有社会的属性。

在心理学上，有一些专家从进化的角度来研究人类的心理、情感和行为，我们把这样的一批心理学家称为进化心理学家，相关的心理学分支就叫进化心理学。进化心理学家中，有一位著名专家叫巴斯，他说我们人类其实是携带着远古的大脑，但却生活在充满了新文化刺激的现代环境当中。巴斯认为我们的脑子跟几百万年前人类祖先的脑子有些不同，但是更多的还是相同，尤其在生存和繁衍等问题上，因为涉及人类最基本、最原始的需求方面，有很多东西还是相通的。大家都知道我们人类大脑的构成，我们原始脑并没有消失，我们只是在它之上建构了新的大脑皮层，我们人类大脑新皮层看起来非常发达，但它是建构在原始的、低级的脑部组织之上的一个上层建筑，它能够去调控但并不能完全消除对于我们生存和繁衍有决定意义的一些神经系统及其活动的，比如说，涉及情绪的脑组织，如边缘系统，更加远古一点，涉及生命个体基本生存相关的脑干等这样的一些组织，它们都是存在并在我们身上发挥着重要作用的。只不过我们的新皮层会更多地去统筹、协调、调控，也就是在一定程度上管理调节着我们这些原始或基本的神经系统功能。但是这些更加原始的脑组织，它的功能依然极其强大。尤其在涉及个体生存发展这样的一些问题时，它的意义就非常重要。比如说你放学回家或者下班回家在某条偏僻小道上行走，碰到一段路突然路灯不亮了，环境很黑，你走着走着，突然有个黑影扑过来的时候，你的反应会是什么？一定是赶紧停下、赶紧跑或者赶紧跳一下，也就是被吓了一跳，这个时候你是在做什么，其实就是你不经过大脑，而是通过最基本的自我保护的神经系统引发身体防御反应。

这就是老祖宗留在我们身上的一个很重要的宝贵的救命装置。为什么说是老祖宗留下来的？因为有了这种装置，人类才有可能在过去丛林时代中幸存下来，面临威胁的时候，能够有一个自我保护的意识和能力。所以说我们是带着远古的大脑，尤其是和生存繁衍相关的很多功能，它确实是古已有之的一个大脑系统的功能。

在当今环境下，我们也可以看到时代发展对我们人类的择偶、求偶、恋爱行为有着很大影响，比如说在过去物资极其匮乏的年代，吃不饱，穿不暖，那时的男性往往喜欢比较丰腴的女性，而在现代社会，随着物质生活水平不断提升，男性变得更加壮硕有力，更愿意追寻窈窕淑女，也就是拥有纤细腰肢、修长身材的女性，这是物质方面对我们审美产生的影响。但实际上背后有很多东西还是相通的。我们接下来会谈到为什么许多男人眼中永远都是 20 岁的女人最美呢。

男性和女性之间到底是否存在所谓的性别斗争？一定是有的，为什么？男性和女性本身从生理结构上就非常不一样，男性的肢体总体上更加强壮有力，而女性的肢体更加灵巧柔韧，在社会资源分配中，就一定存在着有利的一方和不利的一方。与此同时，大家其实也都同样面临着一个非常重要的任务，就是把自己的基因传递下去。所以几百万年人类的进化史在某种意义上来讲，也可以说是男女两性之间的斗争史或者竞争史。最早是母系社会的时候，女性掌管家庭分配资源，后来男性占据主导地位的历史远远长过女性，这是事实。人类的进化有一个漫长的历史，它实际上有着一个非常核心的竞争战略。人类之所以在各种生物当中，不断走到更具优势的地位，一定是跟我们人类的特征有关。那就是相较于其他物种，我们可以更好地哺育后代，生得多、生得快、养得好，这三个条件一旦具备了，那么这个物种一定会具有更加优势的进化地位。所以人类几百万年的进化史，其实就是我们能够较好地哺育、培养后代的繁衍史。

为什么说生得多、生得快、养得好是进化的真谛？大家一定看过很多动物世界的纪录片，在一个残酷的丛林生存环境中，动物之间、物种之间充满了血腥的竞争。我们可以看到狮子、老虎等肉食动物，大象、羚羊、长颈鹿等草食动物，它们为了生存而斗争的一个非常残酷、非常艰难的过程，心里一定都会产生一种恻隐之心，但是自然世界从来就是如此，人类甚至至今也未完全地超脱于它。在自然世界中，人类之所以能够在物种竞争当中不断地取得优势地位，那是因为我们有自己的特点，人类用脑子来适应这个世界，不仅仅是靠体力来适应世界，当然体力也是非常重要的。在这个过程中，我们可以简单地说，当我们不断地应用头脑来适应，我们的大脑就得到更大的发展。大家可以看到，人类进化过程中大脑占身体比重越来越大。当然肌体健全，毫无疑问是进化过程中非常重要的一个前提。但是，当代人类已经不需要在丛林中直面生存风险了，这种情况下，这又有什么意义？首先我们知道进化通常是滞后的，通常是因为环境的变化慢慢选择出物种的适应基因。所以在物种的繁衍当中，基因改变是由于适应环境变化才得到的结果，但从根本上讲，我们身体里的基因依然跟丛林时代的基因一样，一天到晚举旗呐喊，"我要繁衍下去，我要繁衍下去"。所以说现代人类在婚恋择偶的过程中所选择使用的一些下意识的机制或者标准，其实是跟我们远古时代的祖先寻找能够生得更多、生得更好、生得更快、养得更好的配偶时，所采用的方法、策略、机制是相似的甚至是相同的，这个是不是挺有意思？其实就是我们刚才引用巴斯说的那句话，我们虽然生活在一个非常文明的现代社会，但实际上我们的头脑竟然是祖先赋予我们的那一套，新的环境并没有让我们的内部基因发生改变。我们知道基因的变化是相对缓慢于环境变化的。所以说我们在潜意识里所使用的那些用来选择伴侣或配偶的机制，跟过去几千年甚至上万年的祖先们用的东西差不多。也就是说，在选择伴侣的时候，人们很可能是有意或者无意地考虑他/她能不能生得更多、能不能生得更好、能不能养得更好等问题，这似乎是一个终极的目标。

在这个目标的指引下，我们可以有什么策略和方法吗？其实，全世界的人类都知道该怎么做才能找到能生得更多、生得更好的一个伴侣。无论是男生、女生都知道。对男生来说，满足了白、少、美等条件，就更容易生得多、生得好。对女生来说，找男生中高、富、帅的，也更容易生得多、生得好、养得好。实际上大家都在用这样的一种标准选择潜在的伴侣。给大家看个数据，有个相亲网站叫"世纪佳缘"，大概是2005年左右由复旦大学一位在读研究生创办，在2009年的时候，网站注册人数已经高达1 438多万。这个网站做了一个调查，发现这些投票的男生70%都希望选择20～25岁年龄段的女生，90%选择20～30岁这个年龄段的女生；而女生有些人选择20～25岁这个年龄段的男生，但比较明显集中在26～30岁这个年龄段的男生。我们可以看出女生期望的择偶年龄分布范围还是要大于男生对女生年龄的期望的。从大的数据来看，男生多数都是喜欢小一点的女生；女生其实并不是都喜欢年龄大的男生，还是喜欢年轻帅气的小伙子为多。男生都喜欢二十多岁的，女生其实也喜欢二十多岁的，这是人类的共性。

我们再看下一个调查。刚才谈到将近90%的男生投票投给20～30岁范围内的女生，然而在征婚注册的517万女性当中，20～30岁占比不到70%；70%的男生投票给20～25岁的女性，但事实上在征婚人群中只有

34% 的女性是处在 20 ～ 25 岁这个年龄段，所以有差不多一半的男生要失望了。

我们再往下看，有的人会说女生之所以找不到男朋友，是因为她们要求太高，她们都是"拜金女"。她们并不喜欢中年油腻大叔，而是她们喜欢物质，喜欢房子、车子等。好像数据有点支持这样一个判断，这个调查发现有 76% 的女生要求对方至少应该有一套房子，甚至有的人说应该有两套，不需要房子的女性仅为百分之零点几，非常少，甚至可以忽略不计。另外，关于收入，有 60% 的女生投票说要求对方月薪至少应该在 5 000 以上。

大家注意一下，这是中国统计年鉴 2009 的数据，13 年前，大家可以根据我们国家 GDP 和 CPI 的增长换算一下。还记得不久之前李克强总理谈到，我们中国有 6 亿人的平均月收入不到 1 000 块，根据这份数据结果，大家看看这个要求其实是挺高的吧。网站注册的八九百万的男生当中将近 54% 的没房子，而根据某网站的登记信息显示说 80% 的男生月收入不到 5 000，这样一来，注定有很多女生没有办法找到有房、收入 5 000 以上的伴侣了。

那么这个现象的背后到底是什么呢？为什么女生们就不愿意实事求是地面对多数男生都收入不到 5 000 的现实呢？反过来，为什么男生就不愿意来面对跟你年龄相仿甚至更大的女生呢？为什么总是要把目标集中在 20 ～ 30 岁这样的年龄段女生群体，尤其是 20 ～ 25 岁这个年龄群体呢？当然，我想我们青年大学生朋友们一定有很多人并不认同这样的一种价值观或者择偶标准。但是，当你做自我判断的时候，那都是代表你个人，当我们用千万的数量级来看问题的话，应该说是有相当大的说服力了。这个背后是什么样的力量，在驱使着人们做出不利于自己尽快找到伴侣的决定呢？两性之间在纠结什么？在博弈什么？大家如果都各让一步，那世界不就完美了吗！为什么大家不让步呢？所以我们回到刚才进化心理学家巴斯所说的那句话，那是因为我们身在现代社会却依然带着过去的大脑来指导我们进行婚恋、择偶这样的一个行为和选择。所以两性之间有非常多的竞争或者准确地说是博弈。同时从根本上来讲，是不是顽固的、自私的基因在其中作祟，推动我们做出一些看起来不那么合理的选择呢？

这些想法、这些愿望是不是真的百分之百不合理呢？我们继续往下看。两性之间究竟有怎么样的博弈呢？其实他们双方的目的都是一样的，男生和女生都没有办法单独繁衍自己的后代，没有办法让自己的基因遗传下去，所以他们必须合作，但是又因为各种原因，包括现实的、历史的、未来预期的种种原因，许多情况下没有办法做到百分之百的信任。那么自私的基因要繁衍下去，这是一个最原始的动机，围绕这样一个目的，两性之间就会展开博弈，包括竞争，包括合作。两性之间一定有合作，一起养育孩子就是合作。有没有竞争？比如说你给我的彩礼太少了，你的嫁妆太少了，或者你没给我买名牌包。

这个当中需要策略吗？应该说是需要的。男生需要找一个女生来完成自己的一个原始愿望，就是繁衍自己的基因。那么对于男生来说，最核心的一个策略就是积极主动，抓住机会，广种薄收。所以我们通常说男生"好色"，看起来好像特别没有原则，看到长相好的女生就要多看几眼，这往往就会成为恋爱问题的导火索，引发一些争端。对于男性来说策略很简单，就是抓住各种机会。但是对于女性来说，怀胎10月，把一个孩子养大要用好几年，在这个过程中其实要承担的风险极为巨大。随着社会的发展，分工越来越细，女性不仅仅在家相夫教子，还需要走向社会，去完成自己的工作，那生孩子的成本就变得越来越高，所以不可能随随便便就给一个人生孩子的。因此，谨慎是女性为了保证自己基因能够比较好地、比较安全地繁衍下去的一个非常重要的战略决策。

回到前面说的，人类是靠大脑来适应环境的，所以我们一定会希望生的孩子是聪明的、能干的，也就是能够得到比较好的发展。所以对于男性来说，就倾向于找一个具有良好生育潜力的、健康的配偶，而对于女性来说，她一定是需要一个比较长期、稳定、可靠的家庭来帮助自己养育后代。

那么男性的择偶标准有哪些呢？首先是"白"，俗话说"一白遮百丑"。在男性眼中，浅的肤色一定是更好的选择，这一点具有明显的跨文化一致性。比如说白里透红、肤如凝脂都是用来赞美女性的肤色特别健康、特别美好的词汇。肤如凝脂是指皮肤洁白细嫩，有光泽、弹性好。白里透红是指皮肤洁白红润，那是一种健康的外在表现。所以肤白这样一个具有跨文化一致性的审美标准，隐含着的内涵是身体健康、营养良好、基因不错。男性以此来作为选择伴侣的标准，或许是一个正确的选择。由于过去我们没有任何的医疗设备来检测这个人到底健康还是不健康，所以这些外貌方面的线索具有强烈的进化意义。当然近年来有很多人喜欢把皮肤晒成小麦色，那是另外一个社会学的意义，也就是借此向别人表达她家境殷实、有钱有闲，可以有很多时间去海边晒太阳！

其次是"少"，20岁左右的年轻女性是男性择偶的重要倾向，这也同样具有很强的跨文化一致性。年轻的内涵是什么呢？生育的机会更大，基因变异的风险更小。我们知道人体基因在不断复制更新的过程中，DNA有时候会掉链子的，复制的次数越多，掉链子的概率就越大，变异风险就越高。年轻的人基因复制的次数必然少于年长的，DNA掉链子的风险就小。有很多证据表明，到某一年龄以后，DNA中的碱基就会减少，会让人更容易产生一些疾病。也就是说，年轻意味着生育的机会更大、基因的变异风险更小，是一个比较理想的生育好宝宝的选择。

然后是美，对于女性之美的判断标准也具有很多跨文化一致性。通常来讲，漂亮女生应该有大眼睛、小鼻子、精致的颌骨、丰满的嘴唇、略微尖的下巴，胸部坚实对称，肌肤光滑细腻无瑕，腰臀比在 0.7 左右，这些除了让人感到美以外，其实也是健康、生育力强、基因良好、免疫力佳的外在标志。

人们常说美没有标准。但是，如果大家都觉得美，一定会有一个相对一致的基本原则。大家知道是什么吗？首先是对称，对称会使人产生美感，甚至在动物界也是如此。比如说有好事者曾做过一个特别有趣的实验，是什么呢？南美洲的金刚鹦鹉，有非常漂亮的羽毛，这种动物经常是出双入对的，有科学家把其中的一些伴侣当中的雄性鹦鹉给抓来，将它翅膀的某一边剪掉一部分，使它不对称，结果很快两只鸟就分手了。大家知道为什么对称对我们判断美丑的标准有那么重要的意义吗？因为对称一般在常识层面意味着更健康，比如说你的左胳膊比右胳膊短一点，那是健康吗？肯定是在发育过程中存在一定的问题——如果不是后天造成的话。美的背后不纯粹是一个审美的、形而上的、好像不食人间烟火的需要，不是的，美的背后其实也蕴含着健康这样一个非常重要的指标。

另外，女性的择偶标准有哪些呢？首先是帅。受欢迎的男性的一些特征是：高大威猛、倒三角的上半身、宽阔的前额、突出的眉骨、肌肉的线条等。其实这也都说明健康、活力、基因好是女性择偶的要求。同样我们讲"帅"，"帅"也有标准。对称也是帅的标准之一。有趣的是，对称一定是一个特别重要的帅的标准，当然仅仅对称也不完全足够。演员金城武，以及美国影星汤姆·克鲁斯，他们都有一些共同的特点，宽宽的前额、低眉毛，眉骨比较突出，鼻子很挺等等。上述案例背后都有一个很重要的原因，即健康、基因好。

其次是高。为什么要求男性身高要高？高不是更消耗资源吗？毕竟要吃更多的食物才能长得更高。但实际上在几乎所有的生物群落中，高大威猛都是竞争优势，能够做到居高临下。甚至有研究表明，在人类社会，身高跟收入也是成正比的。当然，身高优势不能只从个案上入手进行分析，而必须是从大量的数据上分析。高意味着高大威猛，高意味着他有竞争的优势，意味着他有相对更好的基因。

然后是富。为什么女生对"富"有要求，也就是对物质资源有这么强烈甚至是非常直白的需求？大家知道人类初生个体在所有物种当中是最弱不禁风的，所以从某种意义上来讲，人类的婴儿在很大程度上都是早产儿。小牛小马生下来就会蹦蹦跳跳，但是我们人类的小孩生下来绝对是非常脆弱的。在远古时代那就是非常危险的，很有可能被一些猛兽给叼走了，所以需要细心保护。另外，人类靠头脑来适应世界，头脑在人类身体的占比越来越大。而人类越发展自己的大脑，人类的母亲生产就越困难。大家知道我们现代医学的历史只有短短的两三百年的历史，在过去生孩子难产而死的比例非常高，可以说是司空见惯，现在一些不发达地区或者国家，因难产而导致孩子或母亲亡故的比例依然很高。所以生孩子绝对是为人类做贡献，这一点我们每个人都应该毫不犹豫地给予肯定和敬佩，这真是在鬼门关走一遭；当然，随着科技进步，风险在下降，但是依然充满了风险。然而，女性不仅承担了生育的风险，还要面对抚养的风险，因为孩子生下来要吃奶，需要人照看，并抚养大、教育好。这个过程需要很长的时间，在这个过程中女性付出的时间、精力、心血非常巨大。如果说在这个过程中非常重要的物质资源的来源突然消失，养育孩子的保障从哪里来？所以女性为什么对物质有这么强烈的需求，她需要为自己养育后代的物质来源争取强有力的保障，所以说，择"富"也就意味着选择比较充沛的养育资源。

因此，女生择偶倾向于高、帅、富，男生倾向于白、少、美，核心目标是一致的。但是，我们还要注意一个因素，就是文化。为什么呢？试问，高、帅、富的男生如果跟别人跑了，对女生来说不是无用吗？试想，高、帅、富的男生总是很抢手的，女生们都很明白，也就是说，高、帅、富其实容易成为自己同性伙伴的追求对象，女生能不担心吗？一定会担心的，那怎么办？很直接的一个策略就是不能挑"花心大萝卜"的男生，一定要挑忠诚于我，并且爱孩子的好男人。所以说很多女生对于忠诚看得特别重，因为孩子要人养啊！所以对于女生来说，男生除了要有刚才说的高、富、帅的特点之外，忠诚也是一个非常重要的特质。几年前在湖南卫视有一个节目叫《爸爸去哪儿》，就是爸爸带着孩子出去玩，这个节目曾经很受欢迎，我也看过几次。有调查发现，看这个节目的大多都是女生，而且有很多是未婚女生。这就很奇怪，还没结婚，看爸爸带孩子干什么？目的是什么？这背后的动机是什么？研究表明，对女性而言，影响男生对她的长期吸引力的因素是：他是不是喜欢孩子。而短期吸引力的影响因素是：这个人是不是很有男人味、男子气概。所以说一个男生是不是喜欢孩子，是不是忠诚于我，这对于一个女生来说是很重要的。如果他忠诚于你而且喜欢孩子，那么这样的男生通常会成为更加受女生青睐的一类人。

除了忠诚和爱孩子以外，还有没有别的特质？玩浪漫的男人是不是好男人呢？浪漫有没有可能不忠诚呢？其实不是这么理解的。浪漫的表达一定有一个非常基本的特点，就是费时、费力、费钱。这事其实是不好办的，比如说有的男生为了引起女生的欢心，会在特定的时间地点，比如晚上在操场上点一大堆蜡烛，摆成心形，然后站在中间拿着一束鲜花向女神表白。这件事估计要花好多时间去策划，费时、费力、费钱，而且基本没有什么实质性的价值，并没有生活上能让她吃饱穿暖这样的价值，通常是形式大过内容，这就是浪漫的基本特点。你说买点什么？好吃的，那不叫浪漫，太务实了！需要买点不能吃、不能用并且价钱挺贵的东西，那这种东西就显示出浪漫了。一个鸽子蛋那么大的钻石能吃吗？不能吃。贵吗？很贵，花了很多钱。它的意义何在？其实就是表忠心，我为你花时间，我为你花这么多钱，我为你花那么多力气，说明我忠诚于你，你知道了吧！所以，玩浪漫的男人被认为是"好"男人就可以理解了。从女生的角度看，就是他愿意为我付出。愿意这个词很重要，它表明了忠诚和投入。

所以我们来概括一下两性之间一个基本的逻辑是什么。对于男性来说，以繁衍自己的基因为目的，这种天然的、原始的动机会去世男性倾向于广泛的撒种，尽可能地产生更多的后代。曾经有人在美国校园里做了一个特别有趣的实验，找了 10 个男生和 10 个女生，长相都是一般偏上，然后要求男生看到认为长得不错的女孩就去跟她搭话，并邀请对方去宾馆；所有男生都觉得这个实验很好玩，还可以去"撩"一下妹。他们很高兴地去进行这个实验。另外 10 个女生的任务是什么呢？看到任何你觉得还过得去的男孩，就跟他聊天，然后问他愿不愿意和你共度一个晚上。就这么一个实验，最后的结果大家应该是能想象得到的。这些女生一旦问男生愿不愿意共度一个晚上，结果 10 个男生中有 9 个都说好，其中只有一个不愿意，大家知道是为什么吗？有一个男生在一个漂亮女生邀请其共度良宵的情况下居然说不去，邀请他的那个女生就乐呵呵地问："你为什么不愿意呢？"男生扭捏羞涩地说："因为我明天要参加一个重要的考试。"由此可见，男生在面对女生邀请的时候几乎是来者不拒。当然那只是假设的实验，所以大家也不要想得太多。而反过来，几乎所有的男生，无论多么帅，当他面对一个看起来觉得不错的女生，大概搭上话以后，问女生是否愿意共度良宵，竟然没有一个女生答应，那些女生都很客气地说："谢谢你，我不去。"她们为什么不去？对于男性来说，最原始的动机是广泛播种。对女生来说，原始的、最核心的动机是保证一个稳定的物质供给，因为她生养一个孩子非常不容易。所以这就是人类择偶行为最核心的生物学上的动机。但我们知道人是社会中的人，这个过程当中一定不是完全被生物动机所驱使的，一定也会包含很多文化的建构。所以对男生来说，主动挑战是婚恋中的基本策略；而对于女性来说，婚恋中的基本策略是稳妥谨慎。

我们进一步来研究一下男女在两性交往当中一些核心的需求。基于男生这种想要得到更多广种薄收机会的情况，他通常希望自己被认为是有能力的。反过来，对女生来讲，最核心的不在于有没有很多机会，而在于是不是能够把握住一个机会，所以吸引一个好男生来跟她一起养育后代，是一个非常重要的需求。这就是为什么在日常生活中，男生更希望被女生信任；如果一个女生总是去查他的行动轨迹，男生是受不了的，他更希望被赞美、被认可、被接纳、被感激、被鼓励，这个背后就证明他有能力。而女生通常希望你很关心她，希望你很理解她，希望你尊重她，希望你体贴她，希望你能够安慰她，时时刻刻搞点浪漫，显得她很重要。为什么需要？因为这让她感觉到她是重要的，她是有魅力的，她能够很好地把你留在她身边。

大家可以回想一下，也许你有一些恋爱中相互交往的经历，某些事情让你们之间出现巨大的裂痕，或者出现了非常开心的一些瞬间，可能通常都是跟这些核心需求和期待有关。如果你觉得是非常愉快的，基本上是你的核心需求在你的异性伴侣面前得到了很大的满足。如果你觉得非常受到冒犯，基本上是你的核心需求在他／她面前受到了很大的挑战或者极大的质疑。所以说在男生和女生看起来非常不同的期待和需求的背后，实际上是一个共同的东西，即希望能够为自己的后代创造一个好的条件，而不希望在两性之间的不信任或者是"战争"当中，成为失败者、牺牲者和受害者。

有人说男性靠征服世界来支配女性，女性靠征服男性来支配世界。这种说法本身有些偏颇，因为女性本身已经开始投入到社会当中，在自己的生存和发展上越来越独立自主。其实我们似乎可以把"世界"换个说法：财富、资源。男性靠掌握资源来影响和引导女性，而女性通过自己的魅力吸引男性，让他用掌握的资源来跟自己一起养育后代。说到底，这可能也是全世界男性女性共同的使命吧。

需要说明的是，并不是说我们知道了这些理论，一切问题就都能被解决了。男女之间的"战争"，恐怕还远未到硝烟散尽的时候。这样看来，好像人都是生物性的一个个复杂系统。那么是不是就没有其他值得我们去欣赏的雅的东西呢？当然不是，一定有！除了生理层面，人类行为还有许多非生理的社会道德层面的内容，这也是心理学家一个很重要的建构。美国著名心理学家斯滕伯格提出了一个爱情三角理论，认为：人的爱情是一个复杂多元的构成，它包含了生理上的激情、心理上的亲密感、道德上的白头到老的承诺等。一对伴侣如果很幸运地拥有了这三个方面，基本上可以认为他们拥有完美的爱情。但是人本身比较复杂，所以有时候可能一对伴侣只拥有其中一部分，但这并不妨碍我们运用主观能动性努力去建构、去协调、去完善，去追求更加美好的爱情。

最后，给大家分享一段特别有趣的对话。这段对话是这样的：

A：现在很多人找对象最大的问题，你知道是什么吗？

B：不知道。

A：我们找对象过程中最大的问题通常都是我们想找一个自己配不上的人。

B：啊？

A：买房要够着买，买车要收着买，找对象要平着找。

B：为什么找对象要平着找啊？为什么不能抬头仰视去找个女神或者男神呢？

A：因为买房是投资，买车是消费，而找对象是挑队友。

B：我还是不太懂。

A：谈恋爱，如果你对对方很满意，对方百分之百是不会满意你的。只有你勉强满意对方，对方也勉强满意你，这才是天造地设的一对；然后各自装作很满意对方的样子，最后才能修成正果。

大家听到这里，笑了没有？会心了没有？对号入座了没有？

前面讲了很多，但其实有很多东西都只是我们想要的，想要和真实拥有会有很大区别，包括种种投票、1 000多万的数据等都只是人们愿望的呈现，我们这里引用这些现象，只是想通过呈现这些巨大数量中反映的人们的愿望来帮助我们更好地把握我们自己内心的那些小秘密。而这些小秘密是什么呢？就是男生希望找到一个可靠的、能够为自己生养一个比较健康的孩子的伴侣，所以也就衍生出了所谓的"白少美贞"这样的一些择偶的标准。同样地，女生希望找一个靠得住的男生来共同养育一个孩子，所以就衍生出"高富帅忠"这样的标准或期待。而在真实的世界里面，这些期待的实现很可能都会打折扣。告诉大家这些的目的，是希望你们知道自己在干什么，你在挑选伴侣的时候，在跟一个异性建立感情和亲密关系的过程中知道自己在干什么；当然我们也要了解对方在这个过程中又在干什么，但是要注意彼此都不要指责对方，让自己能够安安稳稳的，让对方也能满意地在一起，一起养育孩子，在这件事上，谁都没有任何错。

我们以前在谈爱情的时候，一般会避开"一地鸡毛"，很不愿意提及非常现实的考虑，会觉得大学生的爱情应该就是很纯美、非功利、没有物质考虑的，但是我们也应看到人性中最深刻的底层的颜色到底是什么，比如说基因的传递、人类的繁衍等等。我们看到人其实不是我们所想象的那么高尚，甚至有时候会显得非常的野蛮粗俗。但事实上，这是人性中最根本的一个部分，只是我们在大学期间很少有人愿意承认，或者面对这样一些困惑的时候，会产生一种深深的焦虑；也就是对男生来讲，觉得现在还没有足够的能力去给对方带来稳定优渥的生活，对女生来讲，觉得错过了这个年龄、找不到理想的伴侣，会不会成为剩女等等。其实这些问题，我们都可以试着去寻找一种底层的答案。

这里有另一个重要的点：只有互信才会有爱。如果我们还像以前那样用各种小伎俩，试图把某些东西强加给对方，这样是不会得到真正的爱情的，只有真诚互爱互信，才能拥有真正的爱情。希望大家能够在认识自己、理解对方的基础上，彼此尊重、相互友爱，最终拥有美满幸福的爱情。

问题互动：

1. 我比较容易受一些网络爱情观的影响，不太敢踏进爱情圈、恋爱圈，别人一聊就不想搭理、有点反感，但同时又很想要有一段甜甜的恋爱，我是不是有什么恐惧症？

我也不算是恋爱经历很丰富的人，刚才介绍的很多其实都是一些进化心理学研究的点，用比较通俗的方式来呈现给大家。我们一直以来在大学里都倾向于为同学们塑造一种比较纯美的爱情图景，所以今天来讲，说实话我也有点担心，怕大家误解我是在给大家灌输非常庸俗的价值观。我中间实际上也做了很多铺垫，把所有这些呈现出来，并不是要告诉大家现实是非常残酷的。虽然看起来男生、女生各有各的心思，但是目的都是一样的，所以大家更多的是需要合作，而不是竞争。因此从这个角度上，我其实不是在回答第一个问题，而是对前面讲的内容做进一步的补充。我的观点是：大家有一个共同的类似这样的焦虑，在这样的一个尴尬的处境下，大家不妨更多地敞开心胸寻求合作，而不是彼此隐瞒着自己内心的那点小心思；双方合作去共同营造一个更好的环境、更好的感情关系和氛围。

那么简单地回答一下我们第一位同学的提问。

我其实不太知道"网络爱情观的影响"具体说什么，我的理解是：可能你比较喜欢看网上纯美一点的爱情故事，在网络上跟人有一些交往还可以，但到现实当中就会感觉到有比较大的压力。我们心理学上有另外一个理论说：爱也是一种能力。爱是一种能力，它其实需要一个学习和练习的过程。没有人，或者极少有这样的人，能够第一次谈恋爱就非常成功。我们说：男大当婚，女大当嫁。在青春年少的时候，其实就是怀春的年纪，没有什么可耻、可怕的地方。那么就去面对、去尝试、去接触、去交往，然后在这个过程中去锻炼自己，判断自己的感情，或者说，检视自己的感情是不是能够接受。如果不能接受，大家都是新时代的男女生，就像你说的：直接说拜拜，没问题。如果确实碰上大家都特别合拍的，当然就是一个很好的起点。若我们回避，那可能就不会有这样的一个虔诚的恋爱了。恋爱肯定是有风险的，但是如果不去承担这个风险，肯定就品尝不到恋爱的甜蜜了。至于有没有什么恐惧症，我建议你如果有机会可以找心理老师做一个比较深入的分析，包括自己早年的一些经历，甚至家庭中父母的关系，或者是其他你的所见所闻，从而了解你对于异性恋爱有没有一些误解，或者有一些放大了的恐惧。所以我的建议总结起来，一个是鼓起勇气，去做一些循序渐进的尝试。假如觉得确实困难，阻碍比较明显，向专业的老师寻求一定程度的帮助，可能也是一个比较务实的选择。

2. 我的男朋友记不住我的生日，记不住我们的纪念日，我很认真地说什么事情，他也是稀里糊涂的。我觉得我们之间有很大的问题，但他觉得还挺好的。这是因为男女恋爱心理的不同吗？

我觉得可能不仅仅是男女的不同，这位同学的问题，其实跟我们前面讲的男生女生的差异还是有点像的。女生特别在乎的是你有没有把我放在心上，也就是是不是真的忠诚于我，是不是时时刻刻惦记着我，这个对女生来讲特别重要。因为这种感觉就是维系女生认为的真正的感情的一个方式，也就是记得跟我有关的很多东西。但是对于男生来说，重要的不是这个。男生他需要的是什么？他需要的是你觉得我很厉害，你觉得我很能干，你觉得我是可以信任的，你越是去"拷问"，对方可能越有挫败感，而挫败感往往是男生逃离感情的一个非常重要的原因。所以说我觉得对于这个部分你们还是可以好好地坐下来讨论一下，各自表达内心更加真实的一些看法与立场，看看你们能不能够去协调或者包容在这个问题上的那些非常具体化的差别。

对于记住对方的生日，我觉得从女生的角度肯定是非常重要的。当然，我就不知道我们男生对于去记女朋友的生日和某些特殊的日子，为什么就那么难？我想学习上可能有比这个更加困难的任务吧，但你是不是愿意为了你们的感情再做一点点这方面的投入，而且现在可用于记录的东西或方式也非常多，手机上可以标记，提前三天提醒一下，具体来说其实还挺容易做到的。我们为什么不愿意去做这个事？这也可以好好地反思反思。我没有办法替你下结论，你们的感情好不好，我也无法判断，肯定是有男女之间的差异的问题，但是也不代表所有的男生都这样。我不知道这样有没有回答你的问题。

3. 如果爱情有生物属性，即那些繁衍的基因的存在，为什么会出现丁克呢？

之前我们说过人并不是纯生物性的，一定有很多社会属性。而且我们再反过来讲，就算在远古时代，我们人类的男性和女性之间也不是100%的都有基因传承，其实也有很多基因是丧失繁衍机会的。我们之前有一个很受关注的话题，就是中国的性别比例严重失调的问题；有很多人的一生很有可能不结婚。其实在现代社会人们不结婚的概率应该还小一点。你想想在过去封建社会有很多的家庭里有一个男主人，而有很多女主人，有所谓的三妻四妾。在过去的封建社会，不结婚男性的概率或者说它的比例，可能会更高。而现在我们有一夫一妻制，其实更多的男性会选择努力去完成婚姻的。

当然也有很多结婚以后不愿意养小孩的情况，我觉得这是因为人是复杂的，是不可能被生物的动机完全占据、驱使或掌握的。如果是那样就太可怕了，我们人就不再称其为人了。一些人选择丁克，反而说明我们人是高等动物，是有社会属性的，有超脱于一般生物个体的境界和能力。我是这么理解的。

4. 我的家人一直在催婚，我想不明白为什么一定要结婚。

这个问题，不知道有没有问过你的家人。你自己这方面可能对于结婚没有一个特别明确的愿望，但是从家人的角度来讲，有时候经验告诉他们，结婚可能早一点好。在这个更加个体化的或者更加现代的时代，我们觉得恋爱和结婚都是自己的事情，但在传统文化之下，我们通常会认为这个是什么？"媒妁之言，父母之命"可能更为重要。我不知道你的家人有没有受到传统的影响，认为父母就应该让孩子去结婚。

另外，对于结婚的事情，你肯定有自己的相对于父母不同的看法，其实也确实有很多人并不结婚。无论历史上还是现在都有，那只是说你能不能让你的家人接受你这样的一个选择。你选择不结婚或者晚点结婚，或者是觉得没有找到对象不将就，这都可以，并没有违反什么先天的自然规律，因为过去若干年，人类当中一定有非常多的个体并没有机会结婚，所以你不结婚也没有什么问题，那也是在人类行为或选择的范围之内的。关键是你如何去面对家人给你的这份压力，如何跟他们更加有效地沟通，能够在自己保持个性的同时，维护一个家庭的氛围，打造一个比较好的平衡点。当然这样的解决方案确实非常不容易。

5. 我爸妈老吵架，现在还在冷战，所以我不想结婚，因为我看到的婚姻都是不幸福的。这个有什么影响吗？

对于这个问题，因为没有人教过我们怎么样去跟别人谈恋爱，也没有人教过我们如何去经营一段幸福的婚姻，所以我们通常会从父母那里去学。其实包括教育子女，我们通常也是从父母怎么教育我们的经验当中去学习的。爱情和婚姻这样的事情，我们也会直观地从父母那边学到，所以父母对孩子的影响真的是无孔不入、无所不在的。

虽然你父母之间的感情关系不好，但是这并不必然意味着你一定会拥有不幸的婚姻。每个人的婚姻其实是相对独立的，你父母的婚姻是他们过去的选择，而你的婚姻是你将来的选择，所以你现在选择什么样的对象，怎样去跟他共同经营一段感情，并不完全受到你父母的制约。现在社会给了我们更多的选择，应该说你比你父母有更多的选择。选择不一定是说离婚这件事，而是说怎样去面对婚姻，怎样去经营一段婚姻，你应该比你父母拥有更多的机会和选择。所以就看你愿不愿意去接受一点挑战，愿不愿意给自己设定一个目标，超出你父母给你的影响的目标。我相信如果你愿意去努力，愿意去尝试，你就可以拥有一个不同于你父母那样的婚姻。

校园恋情中的两性关系

夏增民

教师简介：

　　夏增民，博士，华中科技大学人文学院副教授、历史研究所副所长、社会性别研究中心副主任。长期从事中国历史地理、社会性别史的研究及教学，在《历史地理研究》《中国历史地理论丛》《妇女研究论丛》等期刊发表学术论文50余篇，出版《先秦秦汉政治价值观研究》等专著2部，主持国家、省、校级各类科研项目多项。曾获得华中科技大学教学质量优秀奖一等奖、"三育人奖"及研究生"知心导师"荣誉称号。为湖北广播电视台、楚天交通电台特约评论员。

　　今天我们的话题是校园恋情中的两性关系，其实这个话题不仅仅局限于校园中，所有的成人、年轻人在感情生活中类似的关系都是通用的。我做历史出身，研究领域集中于社会性别史的研究，在做社会性别史研究的时候，可能会接触社会心理的理论。在日常教学过程中，我深切地体会到，大家对这个问题还是比较困惑，问题相对比较多。因此我就根据以往的经验，从社会性别的角度梳理一下这个问题。这几年大家对于社会性别可能已经不像以往那么生疏了，但是还有一个很大的问题，一谈到社会性别，很多同学就会联系到女权主义（我个人一般不习惯称女权主义，我也还是把它直译成与这个概念相似的女性主义）。

这两年在社交媒体上关于女性主义或女权主义的争论特别多，我对这种现象是非常担忧的，我甚至拒绝参与类似的讨论。为什么会有这么一种感受？第一，是因为大家没有站在学科的、学术的角度上去看问题。第二，大家不是以理性的态度和站在一个共同的平台上去讨论问题。这样各说各的，伴随着一些情绪性的发泄，这是我不愿意看到的。

今天我们将站在共同的平台上，以社会性别的角度去看两性关系这个问题。社会性别这个词是 20 世纪 70 年代以后才开始出现的，它并没有统一的概念和统一的立场。社会性别中有很多流派，比如说自由主义、女性主义，我们社会主义的女性主义，还有激进的女性主义。现在激进的女性主义在网络上非常流行，实际上它是通过博眼球的方式引起注意即刷存在感，从而达到表达自己观点的目的。所以我们在谈社会性别的时候，要知道社会性别本身只是一个视角、方法，在社会性的领域存在着不同的流派。

我站在社会性别的角度上讲，如果恰好有一个从事社会性别研究的人听了以后，就很可能不认同我的观点，为什么？因为大家对于它的理解存在差异。举个例子，我记得我有一次去中国地质大学的讲座讲社会性别的问题，有几个同样研究社会性别的老师乘兴而来，结果听到一半就拂袖而去。他们认为你这哪是讲女性，你这哪是讲女权，你这就讲得不对吧？可能我的观点偏保守，但也说明大家虽然都在社会性别的立场、角度、平台上，但是大家的视角还是有偏差的。

01 什么是社会性别

什么是社会性别？它是跟生理性别相关联的一个概念。生理性别大家都知道是与生俱来的，和我们的染色体有关，是男是女，是我们第二性征表露出来的性别。我们通常说的性别都指生理性别，生理性别一般情况下是不会变的，除非去医院做变性手术。

既如此，那什么是社会性别？我们举一个例子，一说到女性你们立马会想到什么标签？比如说姨妈，温柔、漂亮、长发飘飘。一说到男性，你们立马会想到什么标签？比如说叔叔，肌肉、英勇、勇敢等。以上提到的姨妈、叔叔这些词，指代的生理性别一般是不会改变的，但像勇敢、温柔、长发飘飘之类描述行为特征的，它既可以指代生理性别是男性，也可以指代生理性别是女性。

这类有变化的东西，我们叫它社会性别，也就是说社会性别是社会、历史、文化赋予某个人的一种性别特征和性别差异，它是后天形成的。关于社会性别的理论中不再仅仅为男性和女性，中间还有一个模糊的地带。在国外认为性别不止两种，有 53 种、56 种，诸如此类。

这种社会性别是什么？既然大家知道社会性别是社会文化赋予的，是后天形成的，那么我们为什么要从社会性别这个角度，谈两性关系？

第一，社会历史文化把男性女性的不同特征、不同角色期待赋予在不同的人身上。现在我们所面临的男女两性关系中的很多问题，比如说男女的平等问题等等，它并不是生理性别所引起的，恰恰是社会性别的角色所造成的。我们在感情中、婚姻中遇到了很多问题，这些问题的起源不是因为你生理性别是男性，或者生理性别是女性，而恰恰是因为社会、历史、文化给每个人的这种差异，造成了我们情绪上、情感上、思想上、行为上的冲突。

第二，20 世纪 70 年代提出社会性别的概念，它是第三次资本主义运动中所涌现出来的新的解释维度、视角或方法，它所体现的是对不同类别的人，不管是性别上的还是种族上的，还是民族上的，还是地域上的一种尊重，它更强调的是性别的一种平等。它从根本上谈的是维护，是人的一种基本权利。

每个人都有与生俱来的某种权利，这个我们应该是赞同的，社会性别就是从人的基本权利的角度去关照两性关系。所以从社会性别的角度出发，我们会更多地把两性中这种平等尊重的关系用新的视角解释出来，所以今天我们拟定从社会性别的角度来看这个问题。

02 增加接触异性的机会

在敲定这个题目以后，我问我的学生，关于校园恋情中的两性关系，你们年轻人正在面临什么样的问题？我本来想在他们中间找一些话题来讨论，结果他们首先谈的问题是什么？首先得有男朋友、女朋友。这不是一个很大的问题，所以我简单把这个问题提出来。以我们华中科技大学为例，网上我们学校给大家形成了一个非常不好的性别刻板印象，都说我们华中科技大学男生多女生少，比例是 7 ∶ 1。事实上我们学校男女比例差距没那么大。根据我们教务处给的数据，我们学校男女性别比例不到 3 ∶ 1，就是三个男生比一个女生，并没有传说中的七比一。在这种背景下，很多女生就特别愿意来华中科技大学，尤其是保研的同学。有一个推免的女生特别愿意来华中科技大学，她就抱着一个目的，想在这么多男生的环境中成功找个男朋友，结果一直到毕业还是单身。

我们现在不管是男生还是女生，其实都面临这么一个问题：我愿意谈恋爱，我非常想谈恋爱，但是我找不到谈恋爱的对象。这不仅仅是我们校园的一个问题，甚至是我们整个社会的问题。所谓的大龄女性青年这种说法，从社会性别的角度来讲，其实是不对的，这就涉及歧视，为什么大龄女性青年是问题，难道大龄男性青年就不是问题了？客观存在的这么一个情况是北京上海所谓的一线城市，单身女性已经超过百万，我甚至看到有人调查说，北京上海有300万单身女性存在，我对此持怀疑态度。

从中国的人口性别比例上讲，据说中国有3 000万光棍。很多人都在担忧，说这3 000万光棍会不会造成中国社会不稳定，这种事大家不用担心。3 000万是由于性别不平等的问题造成的。由于中国人生男孩的这种偏好，使得中国男性整体上比女性多3 000万。但这不一定会造成社会的危机，为什么呢？因为大家都知道中国的婚恋观，包括中国传统的婚恋观，现在中国人的婚恋观，它并不是说要年龄一一对等。24岁就一定要找一个23、24岁的，28岁也可以找一个22岁的。这样的话就把性别比例的年龄差异给错开了，基本上就可以抵消。

但是这种性别的不平等的确对婚恋关系产生很大的影响，对个人生活产生很大的干扰，为什么？如果把男性分成abcd等，把女性分成abcd等，a男可以找a、b、c、d女，a女则只想跟a男结婚，如果让她跟d男结婚的话，根据我们的传统观念，她就好像屈身下嫁的感觉，好像不太愿意。从社会心理的角度上，我认为这是不对的，但是强大的社会文化造成这么一种社会性别的期待，或者一种刻板印象。这是婚姻梯度理论。

所以这个问题就比较突出了，我们想去谈恋爱，但是我们仍然还在单身。我甚至可以非常激进地说，华中科技大学的男生那么多，一个女生到毕业的时候还单身，这对于男生来说有点耻辱的感觉。我们都特别优秀，我们都特别珍惜这种感情，为什么不去争取？

这里面还是有一些问题的。我认为首先需要机会，我们可以通过创造各种机会，增加和异性接触的概率。所以我一直劝大家不要太宅，要多去创造各种机会，参加社会活动，参加各种聚会，可以给自己增加机会，甚至可以利用网络。中国的网络发展这么快，尤其中国这20年的网络应用发展这么快。大概在2000年的时候，我曾经接触过一些网站的人，他们感觉中国网恋成功率非常高，当时达到60%。这是因为当时上网的人是少数人，他们的背景非常相似，都是非常高端的人群，因此这对于他们来说本来就是一种机会，现在这样的机会就比较少了。

我一定要提醒大家，因为现在网络普及了，鱼龙混杂，鱼目混珠，泥沙俱下，什么人都有。所以我现在特别不赞同去进行网恋交往。你说网络中就没好人了吗？当然有了。但是我认为如果两个人在不知根知底的情况下进行进一步的交往，是有一定风险的。现实中是这样，网上更是这样。从这个角度考虑的话，我对相亲这个事是持积极态度的。

你说你觉得相亲太土了。有什么大不了的？我有一个学生大一上学期过年放假回家，他已经在安排相亲了。他跟我说这事，感觉很好笑。我说这挺好的一事，对吧？这有什么好笑的？至少可以增加一个认识异性、接触异性的机会。而且不要抱着相亲一定要成功的态度，他可以以交朋友的态度去参与。所以我建议大家充分创造与利用一切接触异性的机会。而且我要提醒大家，感情的问题如果能在大学解决，一定要解决掉。

我尤其要对女生说一句话：你现在接触的男生都是非常优质的男生资源，毕业以后你会发现越往后走，你所接触到的男生好像越来越差。这个说法有点偏见，但是我一定要警醒大家，非常建议大家创造和利用一切的机会谈恋爱。

另外，我们华中科技大学很多同学在感情面前有点自卑，既包括女生也包括男生。这没什么关系，可能是中国一个普遍的文化性的问题。但是我们一定要注意到一种偏见，只有男生才可以主动，女生就不能主动。我认为这是不对的。女生也要主动。其实我们在男女交往过程中，一男一女相处的时间长了以后，很有可能互相之间都有情愫，但是又隔了一层窗户纸。如果两个人都不捅开，很有可能就会失之交臂。原本应当是非常好的亲密关系就这样失之交臂了，这是非常令人遗憾的事情。

03 交往过程中的问题

我必须提出另外几个问题，在男女交往过程中分分合合，到底该不该谈？该不该持续下去？两个人的感情有没有前途？这些是有一定的条件的。以前我在华中科技大学上这个课的时候，我每次上课都做调查，都提出相关的一个开放性的问答题，为什么？因为我认为在我的课堂上第一样本量够，每次课都有160～180个人；另外上我的课的学生年级分布比较广，从大一到大四的同学都有。大家还来自五湖四海，城市的乡村的，东部的西部的，北方的南方的，样本分布较广。因此从社会统计抽样这个角度来讲样本质量比较好。以前我经常做调查，基本上能认定我们所设想的这样一种理论：两个人能不能走到一起，在于我们一定要在相处的过程中不断反思，把握住这段关系的关键在于两个人的价值观一定要契合，三观一定要相同。

①价值观相同

如果价值观不相同的话，短时间内这个问题可能不会暴露出来。但是价值观影响着一个人的情绪思想和行为，尤其在两个人相处久了以后，它对两个人关系的支配力量就开始涌现出来。价值观体现在大家对于社会、对于某个问题的看法。如果有分歧，这是非常致命的，而且是非常自然地形成的。所以我们对于一些大是大非的问题，两个人的立场应当是保持一致。否则，以后的日子是比较难过的。

由此就引出我们的第二个问题：要不要门当户对？

②门当户对

我们一直在批判中国传统思想所谓的门当户对，但是经过我的调查发现一定要门当户对。所谓门当户对其实就是价值观在日常生活与家庭生活中的体现。为什么说要讲门当户对？门当户对不是说你家是几品，她家也是几品。你家是什么人，他家也是什么人。门当户对指的是什么呢？从小你的家庭背景趋同，什么意思？就是说你们的人生经历、家庭生活，包括你们所有经历过、面对过的事情都是类似的。共同的或者相近的生活经历会让你们在面对一些问题的时候，看法是一致的。

年轻人都反叛，有的同学还处于青春期末端。家里大人反对你做什么，有的偏偏要做什么。我建议大家一定要抛弃这个观点。其他的可以不用听父母的，但是我嘱咐大家一句，在婚恋问题上能听父母的还是尽量听父母的，为什么？父母几乎没有希望自己儿女不好的，尤其是在感情、婚姻、家庭的争议上。也许他们的价值观偏于保守，但是它符合中国社会的一系列现实条件。

在谈恋爱的过程中，你们共同的生活经历也许表现不出来。但是一旦成为一家人，这个问题就会凸显出来。

谈恋爱的时候，你所面临的问题和婚姻家庭所面临的问题是不一样的。我有的时候在妇联做调查，有很多案例非常搞笑。两口子要吵架不一定是价值观不同才吵架，只要有想吵的，任何东西都可以成为吵架的理由。最典型的例子，比如刷牙的牙膏从中间挤还是从下面挤？如果一个从中间挤，一个从下面挤，这就会吵起来。所以不同的生活经历所养成的不同生活习惯，在细节问题上对感情的伤害是非常大的。

可能大家认为很搞笑，有一个人坚决要离婚，为什么他受不了了？两个人的生活习惯不同，男的做什么她都看不惯，感觉这日子没法过了。他脱袜子以后总是习惯抖一下，这其实不是问题，但是如果你感情遇到障碍以后，这就成了问题。所以我所讲的门当户对是指的相似的生活经历养成了相类似的生活习惯。这样的话家庭矛盾会变得少一点。

③物质条件影响

我在调查的过程中有 51% 的人都认同需要门当户对与价值观契合。第三个问题是关于物质条件的问题。我们都是学马克思主义出身的，知道经济基础决定上层建筑。今天如果没有物质条件做保障，感情生活很有可能成为空中楼阁，爱情是美好的，婚姻是现实的，尤其是房子问题，车的问题，有了孩子以后，这些问题就会变得尖锐起来。

这时大家又提出了新的问题：现在跟以前不一样，我们越来越需要面对物质条件对于感情生活的制约。不像父母那一辈，在计划经济时代大家生活都差不多。这个时候反而有纯粹的对于感情的追求，物质生活看淡了，因为大家都差不多，你没有我也没有，反正大家都是一样的。

经过这么多年的发展以后，这一点上有很大的改变。我们在谈恋爱的时候经济条件和物质条件是需要考虑的前提条件，这一点和门当户对有点相似，当然也不是绝对的。有的人家里很有钱，有的人家里不是很富裕但是人很好。我们进入纺锤状的社会中，纺锤的特点是两端尖，上下的极端人数很少，大多数都处在中间，我们还是应该踏踏实实地面对生活，面对社会，我们也应强调一下经济条件。当然不是说一定要找一个有钱的恋人，我们是要关注到物质条件对感情生活的这种制约。在谈恋爱的过程中，需要考虑到这个问题。

④喜欢是不是爱

有同学提出自己的困惑：我很喜欢一个异性，到底是不是爱？我认为喜欢或者是一种理念，或者是一种同情，或者是一种性吸引，和爱情很难分得清楚。很大程度上它们都是一种恋爱的浪漫关系。

但是你要注意到，它们可能存在层次上的不同。最高或者较高的层次已经到达了所谓的爱情。有一种热血沸腾的情况，包括各种承诺，都是属于爱的理念范畴。所以说到底是不是爱，它有一个宽泛的预估空间，这是我们需要注意的。

我记得好几个男生都跟我吐槽过这样的事情：他向一个女性表白，结果女性就笑哈哈地过去了，以为是跟她开玩笑。他说其实我是认真的。这体现了一个问题，就是如何能够把你的意图真实地表达出来？这种表达是否能让对方感受到？

在所谓的喜欢到真爱之间，不同的人对阈值的感知程度不同。但是有一点我们一定要注意到，所有爱里面一定要有关怀。这种关怀是无私的，是想要让他过得更好，过得更幸福。

有这么一种热血沸腾的念想，有这么一种冲动。如果你一旦有这种感情体现出来，你肯定是爱一个人的。但你要注意到一点就是你爱一个人对方很有可能感受不到，这就是单相思，或者说单恋。单恋也是广泛存在的。如果经过你的表白以后，对方仍然感觉不到或者不认同，你就把它深深地隐藏起来就好，不要去纠缠这个人。如果一个女生不喜欢你，或者如果一个男生不喜欢你，你做任何过分的或者过多的举动，只能让他或她感觉是一种纠缠，只会让他或她逃得更远。

但是话说回来，爱是双方的，其实单恋何尝不是一种感情体验。当然有的时候会感到一种痛苦，它肯定是一种带有痛苦的快乐。我们也可以这样去理解，恋爱能给我们带来什么？

不管是单恋还是恋爱，其中第一点是什么呢？它让我们的生活变得有意义，这是恋爱给我们带来的最高标准。它可以有很多的标准。比如说它可以让我们在生活中变得高兴，它可以让我们学习很多人际交往的关系，但最重要的是什么呢？它让我们感觉生活充满了意义，人生不再空虚，人生不再迷茫，甚至让我们的人生有目标，这就是爱情的伟大力量。对人类产生伟大力量的东西不多，爱情就是一个。我们甚至可以说它推动了我们的历史。

04 如何经营恋爱与婚姻

前天有一个老师还跟我谈到一件事，当然我们不一定认可他的说法，但是他说了一种现象：某某老师就是因为结婚没结好，本来是一个非常有前途的学者，结果变得庸碌无为。可能受感情生活的困扰，受家庭生活的困扰，牵扯了他太多的精力。

所以我们在恋爱的问题上一定要慎之又慎。这就说明了一个什么问题呢？如果两个人谈恋爱，感情是需要经营的，当然婚姻生活也是需要我们经营的，那么怎么去经营？以下几个方面是笔者的看法。

①真诚

第一个是真诚。这个说起来大家都知道，但做起来非常难。这包括几个层面，第一，你和他谈恋爱的时候是真诚的，而不是玩玩而已，比如说我现在特空虚没事干，就想要玩玩。这种心态我们一定要杜绝。第二，在交往的过程中你的情感、思想是最重要的，不要有任何的欺骗行为。现在骗婚的非常多，骗恋爱的也非常多，大家一定要警惕。

②尊重自己

另外一个就是尊重自己。两个人开始谈恋爱以后，你要想想自从你们两个交往以来，你的感受好不好。如果你的感受不好，仍然去继续维持关系，那既是对自己的不敬，又是对别人的不尊敬。举个例子，一男一女谈恋爱，哪怕是不太理想，吃饭谁来买单？应该是男性买单？当然有的女性性别意识非常强，我买单了，但是男生就不愿意，感觉好像受到了侮辱一样。我们不一定非要根据社会习俗所规定的男生去买单，不需要刻意显得自己有男子汉的气概，当然也不需要刻意与女生表示性别的平等。谁来买单，其实只要双方感觉无所谓，感觉好就可以了。

尤其要注意一点，买单是自愿的，不是因为你买单以后要对对方做什么，不是说我请你吃顿饭，你就要和我谈恋爱了。谁来买单，只要大家都互相能接受就好。AA制也可以，下次他请回来也可以。

所以谁来承担约会的花销，这有一个前提：双方自愿。另一个是买单以后对对方没有任何的要求。听起来似乎匪夷所思，其实现实生活中有很多这种问题，这里不再继续谈。

③正视忌妒

另外，没有忌妒就不会有爱情。如果你说你俩谈恋爱了，结果发现没有忌妒，至少你的爱情是要打折扣的。但是我们一定要注意，不能通过忌妒去控制对方，尤其是通过威胁暴力的手段去控制对方来表达忌妒。这不是爱，也不是表达爱的方式。有的人认为这就是自己对爱的一种表现，其实不是的。因为这违背了从社会性别角度上说的平等和尊重。

④互惠

另外，感情经历是什么？如果两个人有互惠，双方彼此有给予也有获得，两个人在恋爱中会有交融感。一定会关心、关怀、关切对方，肯为对方花时间谈恋爱。所以从这个角度上讲，异地恋会过得相对困难点，因为有时比较难感受到那种互惠的感觉。

同时，异地恋的时候往往会有一种感情的幻觉出现。你在上海他在北京，双方见面相对比较少，虽然可以视频，但两个人的生活状况怎么样，对方并不一定完全知道。你对他的一切是靠想象达成的。这一想象不要紧，往往会把对方美化，出现一种幻觉。这种幻觉往往是美好的幻觉，我心目中的男女朋友是什么样子的，我把他想象成这样子。现在信息技术发达，比以前写信的时候可能好一点。我们上大学的时候，没有网络、电话，通过写信交流。现在听起来挺浪漫，但其实会把对方美化了。结果见面发现差距特别大，就会产生一种陌生感，这种陌生感还会带来巨大的情感落差。当然我不是说不能异地恋，但是一定要注意到异地恋下双方接触较少，可能使得双方都把对方想象成自己心目中美好的样子。

⑤互相陪伴

此外，谈恋爱谈的就是互相陪伴。如果没有陪伴，谈恋爱会非常艰难。我每次讲都会提到我学生的例子，有次我上课的时候她就站起来主动表达自己的内心。她在华中科技大学读书，男朋友在国外。有一次她在冬天感冒了，要从东校区的女生宿舍去到主校区的医院打吊针，这个时候她特别需要有人陪伴。结果这个人远在太平洋的彼岸。她跟我说的话我记忆犹新。

她顶着寒风，步行到主校区医院去打吊针，眼看着那冰冷的药水，一点一点冰冷地进入自己的胳膊，然后自己的半边身体都变得冰冷起来了。

她说这个时候多希望那个人就在身边，可惜这个人没有。当然他们的结果是非常好的，她本科毕业以后也去了纽约。但是她在异地的时候会变得非常艰难，当然如果最终是好的结果，这一切就成为一种感情资源。但是如果不好，这将是伤害双方感情的因素。从不同的层面可以看出不同的东西。肯为对方花时间，这是短期经营非常重要的一方面。

⑥共同努力

另外，两个人要一起去努力，尤其是对于年轻人而言。

恋爱是什么？恋爱是共同成就，是倾听，还是一种感情上的慰藉。两个人走到一起以后，要想到长远，想到未来，而不是毕业就分手。

当然也有情侣们来选我的课，有一对情侣说我们两个谈恋爱，就谈四年。我说为什么？他说毕业以后我们会出国，而且当时已经联系好了大学，都在美国，也在一个城市，但还是预期只谈四年，这是他们的规划。当然人各有志，每个人都可以有不同的想法，从社会性别这个角度讲，每个人的决定都值得尊重。我个人认为他们两个人现在这个阶段，为将来在一起共同成长、共同取得成就做准备，所以才会在晚上经常找伴去学习。这个我很赞成。

两个人互相促进，互相鼓励，互相支持，然后在自己的人生道路上达到一个相当高的目标。那么在这个目标基础上，感觉会特别的圆满，这是一种理想的状态。所以两个人谈恋爱是互相成就的。

我们经常会看到在恋爱中很自卑的人，这种情况非常多。这不是我们谈恋爱的初衷，也不应该出现这种情况。如果有这种情况，那就算了。两个人走在一起是要走完人生的路，让我们人生的路走得更加顺畅，让自己的人生更美好，进而能让整个社会更好。

⑦恋爱问题应对

说是这么说，但可能会面临很多的问题，比如暴力问题。还没结婚，就面临着暴力或者冷暴力，这是不可接受的。我们坚决反对这一点，这也是尊严、权利的问题。

另外，如果在谈恋爱的过程中，你没有感觉到两个人是在谈恋爱，你感觉空虚、孤独、迷失，自己不再像是自己，把自己迷失掉了。这个时候要及早抽身，想想自己的初衷，你谈恋爱的初心达到没有？如果没有达到，早分比晚分好。

中国的传统是劝和不劝分，我这个人是劝分不劝和。很多同学跑到我这哭诉要分手，我说好，坚决分，立马分。结果第二天你碰见人家两个人有说有笑手拉手地走在路上。有人说，你这不是被打脸了吗？其实这是我的策略。如果一个女生提出了要分手，有一种情况是她的确要分，她想分，但下不了决断，这时候需要有一个人帮她决断。有的时候这只是一种情绪的宣泄，她感觉受到了不公正的待遇，她只有通过这种情绪的宣泄才能表达这种不满。正好碰见我这个感情垃圾桶，正好在我这得到了释放，释放后问题就解决了。

所以如果遇到问题了以后可以和人谈一谈，谈开了谈透了谈妥了，也就是说你的情感有了宣泄出口，问题可能就解决了。在婚姻中也一样，两口子闹矛盾是正常的，一辈子没红过脸，这种情况不可能出现。很多人很快就离婚了，是因为没有人去介入。比如说小张和小王俩人结婚是我介绍的，这时候他们会来找我，我介入以后这个问题不就解决了吗！诸如此类。

没有朋友，又不跟家里父母讲，也没有这样一个人去介入，那么可能就分道扬镳了，但不是说这两人之间没有感情了。人生中两个人的误会是时刻都有的，这种误会需要消除。如果得不到消除，可能会导致更不好的结果。所以我们解决问题就需要沟通。大家有没有感觉到，尤其在网上，大家有时可能会不好好说话。沟通是需要技巧的，也许因为社会、经历、家庭等各方面原因让我们现在变得不会沟通。如何沟通，学会沟通，是值得我们考虑的问题。

⑧向前看

两个人在谈恋爱的时候，可能会关系非常好，谈得非常顺利；也可能会磕磕绊绊，产生很多的矛盾。无论如何，一定要有向前看的心态，没有什么过不去的坎。两个人所做的事情都要富有建设性，都能够向对方清晰地传达信息：什么是你想要的，什么是你不想要的，你一定要让对方知道。这一点我专门要讲给女生听，因为女生常常让男生去猜，男生又猜不到。如果说互相猜的话，问题就大了。所以一定要向对方表达清楚。另外长时间吵吵闹闹，你得有解决问题的办法。一定要往前看，这是试图修复、维护关系的办法。

关于分手，双方都不应该是被逼迫的，我逼你分手或者我逼你不分手，这两种情况都不应该；分手也并不一定是协商的结果，好聚好散这种会因人而异，这个一定要有心理准备。分手并不一定是笑呵呵的，我认为强扭的瓜不甜，两个人何必捆绑在一起，这样只能让自己变得更痛苦。如果一直不分手，两个人都会陷入痛苦的深渊里。

虽然如此，分手总会带来很多负面的情绪，我们要学会应对分手后的负面情绪。你可以想各种办法，实在不行的话就交给时间，时间会消磨一切。所以我们在处理感情问题的过程中，如果能修复、能维持当然是好的。如果不行的话，一定要彻底果断地把关系终结掉，当断不断，反受其乱，我们要用一种合适的方式去解决问题。

05 小结

所以两性关系的基本因素其实归结成四个词，就是平等、尊重、自信和信任。我们在这样的基础上开始经营与维持这一段关系。年轻人在谈到两性关系的时候，不可避免地会谈到性行为的问题，这个问题也是建立在这些基础上的。性话题这里不详谈，但也是不能回避的，这也是人的权利的一部分。但一定要记住，它一定是平等的、受尊重的、双方自愿的、安全的性关系，这也符合我们两性交往平等、尊重、自信和信任的基本原则。

跳好双人舞
——有效化解恋爱中的冲突

申子姣

教师简介：

申子姣，北京师范大学党委学生工作部心理健康教育与咨询中心课程建设负责人，北京师范大学"心教练"团队负责人，中国心理学会注册心理师，中国埃里克森临床催眠研究院理事，德国埃里克森研究院认证催眠师。

有人说过爱情是一支双人舞，我不介意两个人都跳得不好，但是我很介意只有我一个人跳，另一个人只是在旁边看着。

如何理解这句话呢？我们要如何跳好爱情的双人舞呢？我的受训背景主要是家庭治疗和催眠治疗，这会提醒我从积极的角度、系统的角度和互动的角度来思考这个问题。

我发现爱情这个主题特别受大学生和年轻人的欢迎，我们也知道爱情其实是个体发展不可或缺的一个部分。正如黑格尔所说："爱情是构成生命的一个重要环节，没有这个环节的生命是残缺的。"发展心理学家埃里克森也提到过，在青年时期，我们大学生也处于这个时期，主要的发展任务就是去建立亲密感，克服孤独感。这个阶段主要就是去建立深厚的情谊，尤其是与另外一个人获得爱和陪伴感，或者去共享我们的自我认同，它反映在我们年轻人与一个亲密伴侣形成的这种永久承诺的想法和感受里面。虽然情感问题在大学生的心理困扰中位居前列，因为恋爱中的冲突会让很多人都望而却步，甚至痛苦不已，还有可能引发一些非常恶性的事件。但这也不能否认恋爱的重要意义，在恋爱的关系中，男孩女孩都会慢慢地学着长大，学会承担责任，逐渐在心理上成长。并且亲密关系确实是会给我们带来很多美好的体验，是我们幸福感的一个最重要的来源。那么，我们如何有效化解恋爱中的冲突，让恋爱关系带给我们更多的幸福感呢？

01 爱情与婚姻中难以避免冲突

在开始讲具体的方法之前，我会给大家列几个常见的关于冲突的看法，你可以思考一下是否同意。好，我们一条一条来看：

第一条，冲突就是情侣之间吵架或者冷战，你同意吗？不同意的话，冲突还会有哪些形式？

第二条，好的恋爱关系中是没有冲突的，所以我们应该尽力去消除恋爱中的冲突，你认为是不是这样？

第三条，如果产生了冲突，就说明两个人不合适，你同意吗？

第四条，如果对方真的爱我，就会按我说的去做，也就不会跟我产生冲突了，你同意吗？

其实这都是爱情里或者关于冲突常见的一些观点。很多同学和我持有同样的看法，就是这四个观点相对来说都偏极端了，冲突不只包含已经表现出来的争吵或者冷战，它其实还包含着一些其他的类型，比如没有表现在行为上的内在冲突，像是委屈、压抑、纠结的感受。我也想请不同意的同学进一步问问自己，当你自己遇到类似冲突的场景时，你的脑中是否会冒出这些观点？以及，你是否也可以在理性上否定这些观念呢？作为一个思考题留给大家。

接下来，我想分享给大家一句话：在这个世界上，即使是最幸福的婚姻，一生当中也会有 200 次想要离婚的念头和 50 次想要掐死对方的想法。这句话是一对婚龄超过了 78 年的幸福夫妻讲的，这些故事来源于温格·朱利所写的一本书——《幸福婚姻法则》。他当时出版这本书的时候，想要找一对幸福的夫妻来做代言。2006 年的情人节，正好有一对夫妇被美国 CNN 隆重推出，丈夫 102 岁，妻子 101 岁，他们创造了当时婚龄的世界纪录，婚姻维持了 78 年。这是妻子在被采访的时候所说的话。大家就可以知道，其实冲突在我们的爱情或者婚姻当中是很难避免的，我们会有不喜欢对方的时刻，甚至会有想要掐死对方的时刻，这些都太正常了。

①大学生情感现状调查

我们也来看一份北京大学的某个暑期课程作业中给出的调查数据——关于恋爱冲突你不得不知道的一些数字，填问卷的群体大部分都是学生，当然也有一些其他身份的人。结果显示：在冲突频率上，将近 85% 的情侣每周都会发生 0 ~ 2 次的冲突，另外 13.5% 的情侣冲突频率达到了每周 3 ~ 5 次。在每一次冲突的时间上，大概有 90% 的冲突会在 3 天以内得到解决，而大概 10% 的冲突会持续 3 天以上，大部分人的冲突是当天就已经结束了。冲突的程度如何呢？大概有 19% 的人认为自己的恋爱冲突是严重的，或者是非常严重的，剩下的人认为恋爱冲突的程度都是中等的或者比较低的。

冲突发生的地点最多的是学校，其次是在公共汽车上，还有在公共汽车站、楼下、酒店、医院等。你们的冲突会发生在什么地方？会不会有一些共鸣？

我们还非常关心引起冲突的因素有哪些，这个调查里面也有呈现。最伤人的话语是哪些呢？排名第一的是"你真让我丢人"，排名第二的是"我前任就不像你天天那样"，然后是"我跟你没什么好说的""如果你真的爱我，你就不会这样""你怎么一点都不懂我""都是你的错""你什么都不做，什么都是我做"以及"我早就告诉过你，你不听，现在好了吧"。

我不知道这些话在你们的关系里面是不是也曾经出现过，我在读的时候都觉得这些话让人很有压力。为什么这些话会伤人？大家也可以去体会一下，当你听到这些话的时候，你内心的感受是什么呢？我自己觉得会有明显被别人贬低的感受，就好像我自己特别差，我好像配不上对方，或者如果我想要证明自己是真心的，就需要把其他重要的人或者我特别看重的东西抛弃了，被置于一种两难的境地，这种感受是非常痛苦的。所以，如果我们想要有好的恋爱关系，这些话我们就永远不要跟对方讲，不要拿对方跟你的前任或者别人的伴侣去比较，当然你也不要拿自己去和伴侣的其他重要的人去比较，这些都是比较伤人的。我们要的是一段共赢的关系，不是一段你输我赢的关系。

我们再来看一下，调查里面还涉及一个比较好玩的内容，就是破坏性行为习惯的排行榜。排名第一的是脾气暴躁，甚至有肢体暴力；第二是不专一，和异性总是暧昧地边缘试探；第三是有冲突不能解决，就喜欢冷暴力，无法沟通，拒绝沟通；第四是容易走极端，遇到不如意的事情就会寻死觅活；还有以自我为中心，从来不替对方考虑；交流时总是抬杠；没有上进心，没有生活目标；沉迷于个人的爱好比如打游戏，完全忽视对方的存在；还有经常引发冲突，一天一小吵三天一大吵；邋遢、不注意个人卫生；爱说脏话，对人不礼貌；经常抽烟喝酒；完美主义，对人对事要求极高。大家从这些破坏性的行为习惯里面会看到一些什么呢？我看到这些行为都折射出一个人的不成熟之处，或者说对于关系的重视程度不够，有的时候会体现为用比较"作"的方式来维持关系。偶尔"作"一下，也许有助于浪漫，但是这种方式用得太多了，就容易让伴侣产生这样一种感受：我当时怎么瞎眼了，找这么一个对象，让人特别受挫，所以这一项我列出来，大家要引以为戒，这种侵犯对方边界或者伤害别人自尊与人格的话，或者一种破坏性的习惯，大家都不要去讲、不要去做。

有同学说老师你讲的这些冲突火力有点太大了，我们大部分时候没有冲突到这种程度。我们再来讲一个大家不一定能感受得到火力，但是杀伤力也不小的一个例子。

这个例子来自网上的一个段子，叫情侣一天的日记对比。女孩是这么写的："昨天晚上他真的非常古怪，我们之前约好了一起去吃晚饭。下午我和朋友去购物，结果迟到了一会儿，可能他就不高兴了，一直不理我，气氛僵极了。我如果问他怎么了，他就说没事，我如果问是不是我惹他生气了，他就说不关我的事儿、让我不要管，怎么办？他已经不想跟我有什么关系了，他一直都在想别的什么事，这真的太让我心痛了。我现在非常确定他肯定是有别的女人了，我要失去他了。这真是像天塌下来一样，我活着还有什么意义？"

这段话挺有画面感，很多女孩子的"氛围探测器"都非常发达，能够迅速感知伴侣的情绪变化。这段话其实也能够体现出很多时候我们冲突内在发生的一种状态。当对方表现得好像对自己不那么感兴趣的时候，我们就开始忍不住胡思乱想了，并且会形成一条完整的逻辑链条，比如说他陪我吃饭、逛街的时候不高兴，那是不是他就不喜欢跟我在一起、是不是他不爱我了？我问他内心怎么想的，他都懒得跟我说了，他是不是不再信任我了、不再爱我了？好像稍微有一点风吹草动，一条逻辑链下去，马上就是他不再爱我了，或者他有别人了。

而当天的真实情况是怎样的呢？男生的日记写的是：巴萨（巴塞罗那足球俱乐部）居然输了。所以其实男生的心情变化根本跟这个女孩没有关系！是不是还挺让人唏嘘的？可能男同学会有共鸣，其实很多时候是因为其他事情心情不好，但需要费心跟女朋友解释很久。

冲突很多时候都是因小事而起的，但是为什么会有很大的杀伤力呢？在冲突背后其实常常有一条逻辑链条。加州大学做过一个情侣分手原因的排行榜，排名前三的包括厕所里用完卫生纸不添加，屋里有脏碗、脏杯子不洗，沐浴液洗发水用完了不买。其实都是特别细小的事情。很多离婚案直接的导火索其实也是很细小的事情，比如牙膏到底应该从中间挤还是从下往上挤？很多时候导致分手的都是些很琐碎的事情，但是这些事情可能不是在分手的时候才开始发生的。

②如何解读问题是关键所在

为什么最初在一起的时候不是问题，最后分手的时候就成问题了？其实相处中每件小事当事人是如何解读的，才会透露出真正的问题所在。比如说这三条，它背后的逻辑可能是非常类似的，比如说他不肯帮我主动添上卫生纸，他就不愿意帮我分担家务，他就没有家庭责任感，没有责任感的男人就不值得依靠。所以他根本就不是能够给我安全感的那个人，然后我根本就不应该爱他；或者是你看他都不主动刷碗，他都缺少主动做家务的意识，他就没办法照顾好我的生活；或者不能照顾好伴侣生活的人，就不是个好女人，所以她就不是合适的结婚对象，她就不值得我爱；或者是你看他都不去买用完了的洗发水，他根本就不关心我的生活，他根本就不爱我。类似于这样的一个推理可能会有很多具体的情况，但是举几个例子，你会发现它通常归到一个逻辑链，你到底爱不爱我，或者是我值不值得被爱？

婚姻研究大师约翰·戈特曼在他的研究中发现：每一对白头偕老的夫妻至少都有69%的差异问题没有解决，差异本身就是牙膏从哪儿挤、炒菜先放什么。其实这些并不是那么重要，重要的是对这些琐事的解读，也就是逻辑链条，到最后大概就是这三点：你到底爱不爱我？我到底值不值得你爱？以及你到底相不相信我爱你？

当我们在这三个问题上有所怀疑的时候，可能会出现一些要去验证这些问题的行为，有些就会表现为在恋爱里面不断制造麻烦、考验对方，内心又一直在怀疑这个问题的答案，这种考验就会把两个人的精力都耗光，或者有些人就是为了考验对方经常把分手或者离婚挂在嘴边作为威胁的筹码。如果我们不希望自己的爱情被这些小事打败，也不希望自己深陷泥潭，我们该怎么做？

非常核心的一点，如果你想要感受到爱、在爱里面感受到安全感，首先要相信自己是可爱的。我这里也推荐几个方法：第一个就是要去反思和识别你的负性思维逻辑的链条。你可以多问问自己，尤其当你生气的时候，对方的行为到底对自己意味着什么，自己的逻辑链条是怎么想的。多问几个"我是怎么想的"，你可能就会发现常见的主导你的思维链条。第二个就是要去辩驳这个逻辑链条里面不合逻辑的地方。可以怎么做呢？比如说在情绪比较稳定的时候，向对方核实当时的真实情况是不是你想的那样。第三个就是有意识地去关注那些有助于促进你们感情的事件，可能就能松动一下负面的链条。你也可以邀请不同的视角加入，问问你的朋友，如果是他们遇到了这样的情况，他们会怎么想，可能就会有一些不同的看法。

另外，可以去多关注一下自己的优势和成功的经验，然后进行一些积极的自我暗示，去寻找一些积极的反馈。如果对你来说，前面的这些都没有办法帮到你，你还总是怀疑对方是不是真的爱你，总是怀疑自己是不是能够将这段关系维持下去，我会推荐你去寻找专业的心理咨询服务，让专业人员来帮助你，去疗愈曾经的伤痛，拥有更好的感情体验。

③冲突对于关系的破坏性

有的同学会说，老师你这光讲的是冷战，你能不能讲一个争吵的例子。我还找了一个争吵的片段，这个片段截取自《分手男女》这部电影，电影中，男女主属于一见钟情型，男主给女主营造了非常多的浪漫情调，女主美丽直爽，也特别吸引人，所以他们就迅速地发展、住在了一起。但是两个人缠绵的关系没过多久，就慢慢地因为生活的琐事产生了非常多的矛盾冲突。这一段他们冲突大爆发，男女主人公接待完一个让人非常尴尬的聚会，结束之后女主就想要先把房间收拾一下，清洗一下盘子，但是男主准备开始打游戏，休息一下。这是他们的对话：

—Well, I'm gonna go do the dishes.（好了，我准备去洗盘子了。）

—Cool.（酷。）

—It'd be nice if you helped me.（如果你能来帮我就太好了。）

—No problem. I'll get them a little bit later. I'm just gonna hit the streets here for a little bit.（没问题，等会儿我来洗。我得先打会儿游戏。）

—Gary, come on, I don't want to do them later. Let's just do them now. It'll take 15 minutes.（加里，别这样，我不想等会儿再洗。我们现在就洗吧，只需要十五分钟。）

—Honey, I am so exhausted. I just honestly want to relax for a little bit. If I could just sit here, let my food digest, and just try to enjoy the quiet for a little bit. And we will... You know, we can clean the dishes tomorrow.（甜心，我真的累坏了，真的想先休息一会儿。如果我能坐下来，让吃进肚子的东西好好消化消化，然后好好享受一下宁静的生活。而且，你知道的，我们可以明天再洗盘子。）

—Gary, you know I don't like waking up to a dirty kitchen.（加里，你知道的，我不喜欢一醒来就看到肮脏的厨房。）

—Who cares?（谁会介意啊？）

—I care! All right? I care! I busted my ass all day cleaning this house and then cooking that meal. And I worked today. It would be nice if you said thank you and helped me with the dishes.（我介意，好吗，我介意！我卖力打扫了一整天的房间，然后又做了晚饭。而且，我今天还工作了。所以，如果你能对我说句谢谢，再帮我把盘子洗了，就真是太好了。）

—Fine. I'll help you do the damn dishes.（好了，我来帮你洗那些该死的盘子。）

—Oh, come on. You know what? No. See? That's not what I want.（噢，算了吧。你知道吗？你还不明白吗？那根本就不是我想要的。）

—You just said that you want me to help you do the dishes.（刚才是你说想让我帮你洗盘子。）

—I want you to want to do the dishes.（我是想你能自己想去洗盘子。）

—Why would I want to do dishes? Why?（为什么我要想去洗盘子呢？为什么？）

—See, that's my whole point.（看到了吧，这就是我生气的原因。）

—Let me see if I'm following this, okay? Are you telling me that you're upset because I don't have a strong desire to clean dishes?（让我搞清楚我是不是明白了你的意思，好吧？你就因为我不怎么想洗盘子而生气？）

—No. I'm upset because you don't have a strong desire to offer to do the dishes.（不，我生气是因为你不想主动提出帮我洗盘子。）

—I just did.（我刚才说过帮你洗了。）

—After I asked you!（是在我叫过你之后。）

—Jesus, Brooke, you're acting crazy again.（天哪，布鲁克，你怎么又发神经了。）

—Don't you call me crazy. I am not crazy.（别叫我疯子，我没疯。）

—I didn't call you crazy.（我没叫你疯子。）

—You just did.（你刚才叫了。）

—I didn't call you... No, I didn't. I said you're acting crazy.（我没叫你，不，我没有。我只是说你发神经而已。）

—You know what, Gary? I asked you to do one thing today, one very simple thing, to bring me 12 lemons and you brought me three.（你知道吗，加里？我今天就叫你帮我做一件事，叫你做了件很简单的事，我叫你给我带十二个柠檬回来，你却只带了三个回来。）

—God damn it. If I knew that it was gonna be this much trouble, I would have brought home 24 lemons. Even 100 lemons. You know what I wish? I wish everyone that was at that goddamn table had their own little private bag of lemons. Honest to God!（该死的，我要是知道有这么麻烦的话，我肯定会带二十四个，甚至一百个柠檬回家。你知道我的愿望是什么吗？我希望坐在桌边的每个人都能得到一小包柠檬。天知道！）

—Gary, it's not about the lemons.（加里，那不关柠檬的事。）

—Well, that's all you're talking about.（可你一直说的都是柠檬。）

—I'm just saying it'd be nice if you did things that I asked. It would be even nicer if you did things without me having to ask you!（我只是在说，如果你能做好我叫你做的事，那就很好了。当然，如果你能在我叫你之前就把事做好，那就更好了。）

—Well, I do seem to remember doing something for you this morning without you asking.（好，我确实记得今天早上在你叫我之前我就做好了某件事。）

—Gary, come on.（加里，算了吧。）

—What? I'm serious. Come here.（什么？我是认真的，过来。）

—You know what? I'm serious. I really am.（你知道吗？我是认真的，我说真的。）

—I am, too.（我也是。）

—Come on. You knew I was working today and I made that meal. And you could have thought to yourself, you know, you could have said, "Yeah, I think I'm gonna get Brooke some flowers."（算了，你知道我今天工作了一天，而且我还做了晚饭，而且你应该自己想到的，你知道吗，你该自己想到，"是啊，我想我应该给布鲁克买点花"。）

—You said on our very first date that you don't like flowers, that they're a waste of money.（我们第一次约会的时候，你就说过你不喜欢花，你说那简直就是浪费钱。）

—Every girl likes flowers, Gary.（每个女孩都喜欢花，加里。）

—You said that you don't like flowers. Am I supposed to take that to mean that you do like flowers?（你说过你不喜欢花的。我难道应该把那理解成你喜欢花？）

——No. This is not about... You're not... God, you're not getting it. You're not getting this, Gary, okay? It's not about the lemons. It's not about the flowers. It's not about the dishes. It's just about... How many times do I have to drop hints about the ballet?（不，这跟那无关，你根本就⋯⋯天哪，你根本就没明白。你根本就没明白，加里，好吗？这跟柠檬无关，跟花无关，跟盘子无关。只是，我已经暗示多少次了，我想说的是芭蕾？）

——You know I can't stand... Brooke, come here. We've talked about the damn ballet. I hate the goddamn ballet! You got a bunch of dudes in tights flopping around for three hours. It's like a medieval techno show. It's a nightmare.I sit there in a sweat. The whole thing I do is wondering when the hell's the goddamn nightmare gonna end. Go to a damn ballet.（你知道我受不了那玩意。布鲁克，过来。我们已经谈过那该死的芭蕾了，我恨死芭蕾了。去看一群男人穿着紧身衣，在你面前跳来跳去三个小时。就像中世纪的工业噪音表演一样，简直就是噩梦。我浑身是汗地坐在那儿，只是在想这可恶的噩梦什么时候才会终结。去死吧，芭蕾。）

——It's not about you loving the ballet, Gary. It's about the person that you love loves the ballet and you wanting to spend time with that person.（这跟你喜不喜欢芭蕾无关，加里，是说，你爱着的人热爱芭蕾，你就应该愿意花时间陪着她。）

——Not when they're at the ballet.（去看芭蕾，我绝不陪着。）

——Okay. Forget the ballet! Forget the ballet!（好了，别再说芭蕾了，别说了。）

—I will.（我会的。）

—We don't go anywhere together.（我们从没一起去过什么地方。）

—We just went to Ann Arbor together.（我们才一起去过安娜堡。）

—To Ann Arbor. To the Michigan-Notre Dame game. You think screaming, drunk kids and leprechauns doing backflips, that's fun. That's fun for me. Come on, man. I did that for you. What do you... How do you show up for me?（去过安娜堡。去过密西根圣母游乐场。你觉得跟那些拼命尖叫、喝得醉醺醺的孩子和在那里后空翻的妖精很好玩，你觉得那对我来说很好玩。算了吧，伙计，我是为了你才去的。你怎么……你有为我做过什么吗？）

—I'm up on the bus every goddamn day for you!（我每天都是为了你，才到那该死的公共汽车上去站着。）

—Come on. You...（算了吧，你……）

—I'm busting my ass to be the best tour guide in the damn city, so I can make enough money to support both of us and hopefully you won't have to work one day.（我累死累活地做这个该死的城市里最好的导游，这样，我才能赚到足够的钱来养活我们俩，这样，你才有希望不用每天都去上班。）

—I want to work.（我愿意去工作。）

—All I ask, Brooke, is that you show a little bit of appreciation. That I just get 20 minutes to relax when I come home, instead of being attacked with questions and nagged the whole damn time.（我所要求的，布鲁克，只是想你对我所做的一切，表现出一点点的欣赏。让我回家的时候能有二十分钟休息一下，而不是被一个又一个的问题攻击，还一直都被你烦。）

—You think that I nag you?（你觉得我在烦你？）

—That's all you do! All you do is nag me! "The bathroom's a mess." "Your belt doesn't match." "Hey, Gary, you should probably go work out." Nothing I ever do is ever good enough! I just want to be left the hell alone!（你确实在烦我！你所做的一切就是在烦我！"浴室里一团糟""皮带跟衣服不配""嘿，加里，你差不多该出门上班了"，我做什么都不够好！我只是想一个人待会儿！）

——Really? Is that what you want, Gary? Is that what you want?（真的吗？这就是你想要的，加里？这就是你想要的？）

——Yeah.（是的。）

——That's what you want?（这就是你想要的？）

——Yeah.（是的。）

——Fine. Great. Do whatever the hell you want. You leave your socks all over this house, dress like a pig, play your stupid-ass video game. I don't care, I'm done.（好，很好，你想做什么就做什么吧。把袜子甩到满屋子都是，穿得跟头猪一样，玩你那蠢得要死的游戏。我不介意，我受够了。）

——What?（什么？）

——I'm done! I don't deserve this. I really do not deserve this. I deserve somebody who gives a shit. I'm not spending one more second of this life with some inconsiderate prick! You're a prick!（我受够了，这可不是我应得的。这确实不是我应得的，我真是活该跟了这么个不在乎我的人。我再不跟某个自私的臭男人多待一秒，你是个臭男人。）

这一段的冲突比较激烈，我们也可以从里面看到很多自己平时冲突的影子。最开始，女主想要男主帮忙洗盘子，其实男主已经行动了，但是女主说这不是自己想要的，因为对方没有心甘情愿或者欢呼雀跃地行动，是被迫来洗碗的，就显得不够主动，不够真诚，不是我想要的了；关于柠檬事件，前面女主说让带几个柠檬，后面又说其实不是关乎柠檬，而是希望对方可以记得并完成自己提过的要求；关于花，女主明明嘴上说不喜欢花、浪费钱，但实际还是非常渴望花；关于芭蕾，这表面是兴趣爱好上的差异，但其实背后是关于高质量的陪伴，然后两个人就开始计较你为我做得不够，然后男方又说我其实为你做了很多，我只是需要得到感激和肯定。两个人都觉得自己受了莫大的委屈，最后就升级到了对对方的挑剔，甚至是诋毁，"你简直是个混蛋，我不要跟你一起过了！"导致了分手的结局。

一次冲突就是这样慢慢升级并且毁掉关系的。我们其实可以有很多的反思和学习。有的同学会说："我也不想冷战，我也不想吵到两个人要分手的程度。但如果我对对方真的有意见，我怎么样能更有建设性地表达出来，然后不至于冷战也不至于争吵呢？"

02 处理冲突的原则

①清楚而直接地表达需要

接下来我们就讲到今天处理冲突的第一个原则：清楚而直接地表达你的需要。如果用暗示或者拐弯抹角的方式，成功率特别低，而且很有可能为以后的冲突埋下伏笔，就像刚刚电影里买花的事情。所以，一定要去避免这种暗中的期盼和猜测，你要直接说出你想要的，而不是你不想要的东西。因为你说你不想要的其实只是去掉了一个错误答案，他还是不知道正确答案是什么，他要怎么去做。如果说你能够去明示，然后对方就能够去做的话，他其实就是爱你的表现。

有的同学可能在这里要提意见了：老师，我们直接说出来就不值钱了呀，只有不用说就能猜到的，那才说明他真的用心关注我。但是实际上一个人猜得准另外一个人的想法本来就是小概率事件，而且很多时候，你想要的答案，你自己都不知道。对方还要天天忙各种各样的事情，他知道是小概率事件，不知道才是正常现象。

而且每个人对他人情绪和需求的敏感程度真的是不一样的。如果对方总是很用心地观察和记录你的需要，每天就围着你转，要么就是热恋期或者是追求期，他在为得到你的爱而加倍努力，要么就是他可能真的自己非常不自信，他特别害怕被你抛弃，所以他要不断地用这种方式讨好你。如果两个人关系稳定后，在他有很多事情需要做的情况下，如果他仍然需要每天花那么多的心思来揣测你的心思，他总有一天会感到非常疲惫，而且他会觉得好像我即便付出这么多的努力，你还是在不断地考验我。所以，不要只说你不想要什么，你要直接说你想要什么，而且如果你说了对方就愿意去做，尤其是他有点不情愿但他还是做了，这真的就是爱你的表现了。

所以在刚刚的电影里，我们女主就可以明确地说，其实我喜欢花，我第一次约会的时候说不喜欢只是为了帮你节约钱，我希望你以后时不时可以给我来几枝花，让我知道你心里有我就可以了。我相信男主其实是会去买这个花的，因为这比猜对方的心思要容易得多。在柠檬事件中，可以明确告诉对方我希望你买回来 12 个柠檬，因为这些柠檬我有什么用处，明确地说你的考量是什么。然后我们要用正面邀请的方式，而不是负面抱怨的方式来沟通。因为如果你总抱怨的话，抱怨的重点是在过去，是集中在你不喜欢的东西上，对于改变现实的状况其实不太有帮助。抱怨时，常常还会让对方感受到被抨击、质问、命令和强求。

当你特别不高兴地说你为什么就不能这样、不能那样的时候，对方就觉得被你指责、被你控制了。他为了维护他的自尊，自然就要找理由为他辩护或者是反击，然后指出你没做好的地方，即使是对方脾气好，去做了，也是心不甘情不愿，这就埋下了一些冲突的伏笔。而如果你用请求、邀请的方式去讲出这些话，你的重点就放在了未来，是以尊重对方的这种心态去说出来的，对方就有机会去改进，并且有机会得到你的鼓励和感激。当你提出邀请的时候，对方可以拒绝，可以接受，也可以协商，这样他就会觉得很自由，大部分时候他反而都会更愿意按照你的方式去做。大家也要知道，就算他不愿意，也不代表他这个人不好，他不喜欢你。你可以去问问他不愿意的原因，然后借此增加对他的了解。

②学会表达内心的情绪和感受

我们要学会表达自己内心的情绪和感受。分享彼此内心柔软与脆弱的地方，这是最能促进亲密感建立的方式。我们的内心感受就是最为柔软的地方，具体可以怎么表达呢？我们首先可以用第一人称，以"我"开头去表达，让伴侣知道你生气的理由是什么，也明确告诉他你的需要，这样他才能知道到底应该怎么办，到底错在哪了，以后可以怎么改进。比如刚才影片中的女主就可以这样表达："我其实就是想让你陪着我一起做一些我喜欢做的事儿，不管是看芭蕾，还是通过别的咱们俩都喜欢的方式，这样我们就有机会在这个过程中亲密地交流。"或者她也可以说："我其实就是希望你看到我为这个家付出了，你看到我准备这一桌子饭很不容易了，希望你能够心存感激。"

我们也可以去关注自己的情绪，用这样的句式去表达出来，或者就只说"我觉得"也行，比如说"当你躺在沙发上玩游戏的时候，我就觉得特别委屈和受伤，就好像这个家干净整洁都是我的责任，就好像我所有的付出都是理所当然的，就好像我的疲惫从来都不重要"。当我们用这种方式去表达的时候，对方就知道了，哦，原来你想要的是这种形式，原来你渴望的是这样的关爱。

我们要少用"我觉得你……"这样把"你"字提前的方式，因为这样会让对方很警惕你的批判，产生一种"完了，你又要说我了，所以我得躲起来，或者我得准备好怎么反击"的感觉。我们要注意的是，如果你不想和对方把关系搞得太坏，你要做的就是表达情绪而不是发泄情绪，更要避免对对方的人身攻击，否则很容易使得冲突升级，导致你不想要的结果。

③有效倾听，寻找解决之道

那么，如果是对方先发了脾气，但我还不知道怎么回事，该怎样处理？这就涉及第三个原则：有效地倾听，从中寻找解决之道。这里也给大家介绍一些重要技巧。

首先，当对方已经有情绪的时候，我们不要急着辩解。因为你开始辩解时，对方就更容易觉得自己情绪被堵上了，不被理解，可能就更生气，引发更大的冲突。我们应先集中精力听听对方在说什么。

其次，不要像律师一样去挑别人的毛病。正确的方式是什么呢？你要去听别人有道理的地方，然后还可以去复述一下他的观点，这样你们就是一条船上的战友，而不是敌人。如果你没有听明白，也不用像侦察兵一样去听弦外之音，直接引导他多说一点就行。比如就像刚才的电影里面，女主说"我说的根本不是柠檬的事"，男主原话是"可你一直说的都是柠檬"，这样表达攻击性很强，好像言外之意是"你有病吧，不是柠檬的事为什么要说柠檬"。我们推荐引导对方多说一点的方法，比如"哦，我知道了，不是柠檬的事，那是什么事呢？我真的不知道"，是不是就有一个合作性的风格了。

再次，我们可以去听一听对方的感受，并且点出他的感受。因为在很多时候我们冲突时表达的都是气话，最根本还是想要被理解和接纳，不是真的要去撒气。我们还可以有技巧地重述对方的话，表达同理心，比如"我知道你很生气""我真的不知道原来那时候你那么伤心"。因为感觉是第一位的，我们要先体谅感觉，这样对方会觉得安全；当伴侣向你表达负面情绪时，比如说伤心怨恨，你很有可能自动地自我防卫去了，因为你以为这是你造成的，或者你觉得你没有办法帮助别人，但你只要把他的负面感受说出来就可以了，就不太容易形成后面的冲突。

最后，我们要综合双方的意见去找到解决之道，看看如何能够去相互联系、彼此倾听。这样大家都会明白，原来你是想这样，那我们看看怎么一起去解决这个问题。

④有意识地控制伴侣之间情绪的温度

有的同学会说，老师你说的情况两个人都比较理性，如果我们已经吵起来了，两个人都有怒气，我们也都听不进去对方讲什么，怎么办？

那就要遵循第四个原则：有意识地控制伴侣之间情绪的温度。什么时候就开始控制呢？当你的语速变快的时候，当两个人说话的语气速度都已经要形成火爆场面的时候，我们就要及时暂停，要彼此先冷静一下，等回归理性以后我们再谈。怎么去暂停呢？你如果从来都没有沟通过这件事情，然后希望你们第一次已经吵得很厉害的时候去暂停，这是非常难的。

我们需要提前制订好休战计划，并且要提前演练、模拟一下。就像应对火灾、地震灾害需要演练，到真正发生的时候才能做出自然而正确的逃生反应一样，我们也可以在关系好的时候提前制订休战计划。具体要包含这样的一些内容：我们最开始怎样去暂停，用什么样的语言提醒彼此去暂停，比如说"我们先冷静一下"或者"我们先暂停一会儿"，或者用一个暂停的手势，然后双方就转身离开冲突现场，最好到两个不同的房间里。

进去以后怎么让自己平静下来呢？你可以先做深呼吸，然后问问自己，要分手吗？不想分的话，这事还得解决呀。先梳理一下自己的立场，回归理性，然后回想一下以往积极的沟通经验。这个时候就别再翻糟糕的旧账了，可能会适得其反。

还需要去商量两个人冷静到什么时候、什么程度可以回来，用什么方式回来，谁去哪个房间找谁；你们提前都商量好，交替地来也行，彼此商量好说到时候暂停15分钟，然后我们回来再谈，不行再暂停。回来以后怎么开始重新讨论也要商量好。这可能让大家觉得，谈个恋爱感觉跟要做生意、签合同一样。但其实你们之间沟通的规则越清晰，就越有助于你们维持好关系。我要提醒大家：要去注意一下双方的身体状态，尽量避免在两个人都疲倦或者饿着、生病、已经忙了一天的时候去讨论一些敏感的话题。如果你自己的身体状态不太好，你也要提出来提醒对方一下，不要在这个时候聊这些事。

有的同学可能还会继续提问，"暂停已经晚了老师，我昨天前天刚吵了架，而且当时还说了挺多伤人的话，然后我们彼此都很受伤，现在都互不搭理，你说我怎么办？我怎么去修复关系？我们怎么重归于好？"

⑤积极修复中回应对方的关切

我们来介绍原则五：积极修复关系，并在修复时回应对方内心关切的东西。他真的想要什么，他在意的是什么，就像电影里不是关于跳芭蕾的事，而是关于我们如何去度过一段高质量时光的事。具体给大家提供这么几个方法。

第一，如果要修复，就找个机会安静地倾听彼此的想法，以"我"开头，如"当你……的时候，我感觉……"，去表达感受，把前面的方法用上，温和地表达和彼此倾听。两个人吵架一定是两个人都有责任，所以，为了修复，就都要为自己所犯的错误去道歉。怎么道歉？首先我们要去肯定第一阶段倾听到的感受，表达后悔之意，"我听到你那么受伤，我也觉得特别后悔，让你那么委屈"；然后要去主动承担这次冲突中该负的责任，"当时我不应该讲那句话，这个话确实太伤人了"；你也可以再略微解释一下当时发生的实际情况，"当时其实是因为你讲到……的时候，我就觉得特别委屈，所以没经大脑说出了那样的话，但我本意其实不是这样的"。我们要表达的其实是，"我很重视你，我也不是真的想要和你分开或者让你受伤，我其实是非常爱你的"，这样的话基本上对方就不会再太多地去计较了。

第二，为了避免以后再用同样的方式去吵架，我们要能够找出吵架的前因后果，怎么找呢？我们要去把这种不愉快的情况转变成理解彼此、学习成长的机会，然后去梳理一下整个来龙去脉，到底我们是从哪里开始吵的，我们吵的到底是什么事，弄清楚了就可以预防将来发生类似的争吵。在总结经验的时候，我们要去关注彼此立场背后真正关切的点，两个人都要去提出建议，选择共赢的方案。

其实我们在一段恋爱或者婚姻的关系里面，大家一定要有这样一个意识，我们要把我和你的意识建成我们的意识。关系的发展与成熟会经历三个阶段：第一个阶段是依赖期。我就靠"你"来实现我的愿望，这是以"你"为重心的阶段。第二个阶段到了独立期，我们就开始为自己负责任，就觉得我自己的愿望要靠自己实现，所以我要做这些事情。如果说你做得不够好，那我就把你抛弃掉，或者我就贬低你，这是以"我"为中心的阶段。

第三个阶段是互赖期，是靠我们共同的关系和努力来实现我们彼此共同的愿望，以"我们"为中心。在这种恋爱或者婚姻的关系里有一个非常重要的原则：要以"我们"的角度来考虑问题。所以不要说吵架就只是某一方的问题，一个巴掌拍不响。我们从互动的视角来看，只要大家还想过下去，我们就不要去想着推卸责任，就要为自己所能够承担的部分负责。你可以去感受这种表达"你太强势了，在什么问题上你从来就不征求我的意见"，这样"你"或"我"的视角一下子就把两个人放到了对立的阵营中。如果用"我们"的视角，就可以说"在什么问题上，我们还缺乏充分的讨论"等等。

⑥运用爱的语言为关系存款

有人问有没有什么办法可以从根本上减少这种冲突的负面影响？接下来就是第六个原则：我们要运用爱的语言去为关系存款。为什么大部分伴侣的冲突没有那么激烈，过后能够和好？为什么即使有冲突也能过得下去，即使 200 次想要离婚、50 次想要掐死对方还能过得下去？

我们可以用一个爱的账户的概念来理解，一段关系是由双方共同营造的，这段感情就像一个情感账户，如果这个账户里存款是正的，是有盈余的，这个关系就能维系，如果亏损太多就会破产。什么行为会从这个账户中提款？就是彼此伤害、彼此冲突的行为。什么行为能为这个账户存款？就是彼此表达爱意的行为。

我们怎么存款呢？这就涉及用爱的 5 种语言积极主动地表达对对方的爱。我们表达爱和感受爱有 5 种不同的通道，包括身体的接触，拉着手，挽着胳膊走路，性的接触；精心的时刻，两个人共度一段美好的时光；精心的礼物，比如送花送包；服务的行动，就像主动把家打扫得干干净净；

肯定的言语，就是夸奖和鼓励。

我们怎么去搞清楚自己更喜欢哪种语言呢？有三种方法供参考：第一，回想如果你的伴侣做什么事或者不做什么事伤你最深，跟它相反的可能就是你的爱的语言。第二，你可以看看你常常要求对方做什么事，你最常请求的事可能就是你的爱的语言。第三，你还可以去看看你最常用什么样的方式表达爱，你表达爱的方式也许就是你感受爱的方式。我们说运用爱的语言去表达，是直接消除最底端的不安全感的方式，一段感情的维持是需要持续地为我们的爱的账户去存款的，要主动地去表达。激烈的冲突就常常发生在我们存款告急的情况下，而且不小心就透支了。冲突常常都是在用一种伤害性的方法表达"我希望你爱我、尊重我"，学习和表达爱的语言的过程，就是我们直接表达爱，加深彼此了解和提升亲密程度的过程。

03 小结

我们主要讲了这样一些观点：第一，冲突本身其实不是问题，我们怎么去解决它，怎么去应对它才是问题。第二，如果我们想要更好地被爱，那就先要能够爱自己，相信自己是可爱的。第三，我们要用第一人称清楚、直接、正向地表达需要，然后可以主动表达内心的情绪与感觉，去增进你们的亲密感。第四，你还可以有效地去倾听对方的需要，去寻求双赢的解决之道。第五，如果你已经有了大的冲突，那就积极地暂停，去控制好你们的情绪温度，避免战火升级。第六，如果冲突已经发生了，我们也可以用很多方式去积极修复，主动道歉，去回应对方真正的关切。第七，主动采用爱的5种语言，为你们爱的账户存款。

最后，我借刘婷老师这句话来鼓励大家积极看待恋爱当中的冲突：与伴侣的相遇，其实就是与我们自己内在心灵未知的部分相遇的过程，相处的摩擦既能处理自己的阴影，又能够让自我更加完整。

希望大家能够跳好这场爱的双人舞，有效地化解恋爱中的冲突。

问题互动：

1. 吵架之后对方总想静一静怎么办呢？

我不知道提问的同学是男生还是女生，以我的经验男生可能更想要静一静，女生通常是追着要马上解决问题的那一个，当然在有的关系里面也会有差别。我觉得如果对方想要静一静，我们给一个短暂的时间，比如一两个小时，半天，让对方去静一静是可以的，这本身也是表达尊重的一种方式。

但是静一静不意味着抛弃不管了，因为很多时候我们在表达我想静一静的时候，他深层的话语是我希望你可以花一点时间去反思你自己，然后回来跟我道歉，或者说回来跟我解决问题，这个可能才是静一静背后真正的含义。我们也可以去结合前面课程里面讲到的方法，提前在关系比较好的时候就商量好，如果下次我们某一方说想要静一静，我们应该怎么办？不要让这个事就静过去，假装它没发生，而是及时总结经验，化解冲突。

2. 异地恋的时候总是不能及时发现对方的心情变化，也不能及时为她解决问题，怎么办？

这可能是一个普遍的问题。从这个问题中"她"字来看，提问的是一位男同学。我首先从提问的这位同学那里看到了他对于伴侣的关切，这种关切本身就是很温暖的，所以也许就可以直接说："你看，因为我不能在你身边，所以我特别关心你状态怎么样，我特别想知道我能够为你做些什么。"然后就看看对方会如何回应，希望你为她做些什么。就像我们前面讲的，直接表达自己关心和相信对方的感受，直接询问对方需要什么。

如果对方回应"我不跟你讲、没什么好说的"，我们也可以去反思一下，从什么时候开始，她不再直接跟你提期待了，最开始，至少你们热恋的时候，一定跟你讲过的吧，那她当时讲了以后，你是如何回应的呢？你的回应是不是她想要的呢？如果她多次受挫，可能就为了避免失望，关上了心门。所以，用到我们今天讲到的积极倾听的方式，倾听她期待背后的情绪、感受、想要的爱的语言，然后真诚地去回应她的关切，我想你们的关系可以更进一步。

当然，如果你们的关系当中有一些尚未解决的冲突，你可能也需要多一点耐心，多花一点心思让她看到：你真的关心她，你真的愿意倾听她，而不是直接说出她的毛病，给她具体解决问题的方案。如果你愿意去关注她的情绪，我想她能够感受到你的变化。

3. 分手了，如何能够接受事实？

应对分手是一个很不容易的过程。但在整体上我愿意相信一段好的分手会成全未来两段幸福的感情。如果你仍不能接受事实，可以再多问问自己：其实我不能接受分手的原因，实际上不能接受的是什么？它归根结底其实还是那两个问题：他到底爱没爱过我？我是不是值得被爱？我们要区分开，分手只能说明我们两个人不合适，但不代表我就是一个糟糕的人。

很多时候走不出来是担心如果我离开了这段关系，是不是就没有人再爱我了？或者有的时候我们会很担心自己在这段感情里面没有得到一个结果，自己的付出就都白费了。但这些其实都是一个非理性的逻辑链条，你也可以去看看，虽然这段关系结束了，但它并不是失败了，在这段关系中，尤其是你们曾经很好地相处的时候，你一定收获了很宝贵的东西。这段关系走到最后，你也一定能够从相处经历里总结出一些经验，避免在下一段感情中再犯同样的错误，你会学会如何更好地与别人相处。当你能从这段关系里真正收获有助于你过好未来人生的道理的时候，你通常就能够从分手的伤痛中走出来了。

让吵架更有建设性

姚玉红

教师简介：

姚玉红，博士，同济大学心理健康教育与咨询中心教授，中国心理卫生学会临床心理咨询与治疗专委会委员，家庭治疗学组副主任委员，上海市高校心理咨询协会副理事长，哈佛大学访问学者。注册心理师、督导师。

爱情美不美，爱情甜不甜呢？很美很甜，很令人向往。吵架是不是很自然的事情？我认为恋爱中都会有吵架的，只不过是看恋情有没有长久到可以吵架的份。事实上，到了吵架那一步，两个人之间的距离已经比较近了，他/她已经开始向你强烈地表达自己。一般来说，吵架是情侣间不可避免的一个阶段，甚至越亲近、相处时间越久，就越容易争吵。

01 相爱容易相处难

相爱听上去是一件很美满、很令人向往的事情，但是还有这样一句很现实的话：相爱容易相处难。我在好多年前第一次当班主任的时候讲爱情心理学，不少同学听得津津有味。有一个大一的男生跑上来跟我说："老师，我觉得爱情应该是非常自然、非常纯粹的事情，为什么要讲这种心理学的技巧、理论呢？爱情好像变得非常不自然，很矫揉造作；我们在这个过程中也好像变得太有心机了。"我们后来也一直保持着联系。他当时大一还没谈恋爱，我不确定那时他能不能懂，就让他谈恋爱后再来找我。两三年后，他一看到我就跟我说："老师，我现在谈恋爱了，感觉吵架是很难避免的，我要开始学恋爱心理学了。"

我想先向大家提第一个问题：大家有没有发现，在生活中越是亲近的人其实越容易吵架？恋爱分成不同的时期。最早期的时候很甜蜜，后面就来到了磨合期。所谓的磨合是指对方在很多地方看不上你，突然发现最好的时期是恋爱刚开始的时候，那时双方都只会看到对方好的地方，而那些好的地方常常是我这一方没有的。比如，我的性子很急，我遇到一个慢性子的人。那时我觉得真好，这个人真有耐心，这是我做不到的，所以我会被他吸引。但是时间一长，这个人其他的面就会出现。性子那么慢，他当然有耐心、稳重这样的好处，但同时你可能还会发现他太慢了，跟不上你的节奏，有的时候没有反应或者反应很慢。但是了解一个人背后的缺点需要一段时间。所以你会发现，其实只要谈恋爱时间足够长，就会有吵架的阶段，或者叫作磨合期。

第二个问题：你记不记得上一次跟人吵架是什么时候？不仅仅是与家人，也包括其他人。其实我很少与人争吵，但是兔子急了也会咬人，我当然也会。我在想我上一次什么时候吵的，和谁吵以及为什么吵？想想似乎是跟自己的先生在吵。那时候自己怎么吵的？有什么表现？打个分会怎么样呢？最后是怎么结束的？后来有没有和好？是怎么和好的？是谁先抛出橄榄枝的呢？是谁既往不咎、豁达大度的呢？和好之后是不是等于问题就解决了？下次还会不会发生类似的争吵呢？这就是我今天想说的。

有人会问，"老师，我们总发生争吵，我们还适合在一起吗？现在才刚开始，以后这日子怎么过呢？"还有人很稀奇地问，"老师，我们俩从来都不吵，我们该怎么办？"从来都不吵，是不是我们都很压抑？吵不起来的人适不适合在一起？这些问题都是很值得去讨论的。我以前谈恋爱吵架的时候，绝不会率先跟我先生和好。我觉得先和好对我来说意味着向他低头，是很失控的事情，好像将优先权给了别人。我现在不一样了，我现在会优先、主动地与其和好。老师可以讲讲这个过程中有哪些所谓心理学原理，或者有哪些小方法。

02 让吵架更有建设性

接下来会讲四个主题，第一个是为什么明明相爱还要争吵。第二个是尽量避免破坏性的争吵。我们也会讨论什么是破坏性的争吵，什么样的争吵是最有破坏性的。第三个是怎样扩大争吵中的建设性。第四个是不同依恋类型下的表达方式。

①为什么明明相爱还要争吵

其实争吵也是一种沟通。现在人们对恋爱中人与人之间心灵相通、彼此理解的要求越来越高。如果说到现在为止，你跟你的恋人之间还只能分享好事，绝不能分享坏事；只能巴结他，只能甜言蜜语，对他的不满一点都不能提，事实上你们的沟通是有漏洞的。所以，当你跟一个人在一起时，起码有 60% ~ 70% 是两个人需要彼此了解和接受的，这样的恋情是比较稳定且能带来长久滋养的。所以要学会分享好事，同时也能够分享坏事。

如果在恋爱的过程中，我们能够学习到和对方分享坏的事情，我们可以学会聆听和分享忧愁的能力，这样我们就会深度参与到对方的生命当中，不再孤独。他不再孤独，你也不再孤独。因为你发现其实你最丑陋、最阴暗的一面，自己都不敢面对，而对方能够在最黑暗、最恐怖的黑夜里一直陪着你。你说还有什么比这个陪伴更美妙呢？

所以事实上吵架对相处的要求非常高。比如，为什么有话不好好说？大家都是大学生、硕士或者博士，都成年了，有时候讲话还是很容易吵起来。为什么会吵架？事实上如果我们去深度地看人性的部分，会发现我们常常需要表现出最好的样子。我们其实希望自己是知书达理的、温柔贤惠的，希望自己是谦谦君子，等等。

所以在一般情况下，特别是我们学习的知识、道德、规则越来越多，看的书、懂的东西越来越多，我们自己会更多地告诉自己我们应该有怎样的行为举止，不太愿意说谁是泼妇，谁非常凶恶，或者说谁非常粗鲁。这些都不是夸人的词。所以我们常常希望在平常没有激烈的利益冲突时，或者说不是很紧要的关头的时候，我们能好好说话，大不了我不跟你说话。

但是吵架时，我就想跟你说也必须跟你说，我的情绪也是针对你的。所以吵架时常常伴随着激烈的情绪喷射出来，好好讲是讲不出来的。就像有的人在说不出话的时候，可以通过唱歌表达出来，有的人在吵架这种气氛中，或者说吵昏了头的情况下，才能把压心底的真心话说出来。

这种真话正常情况下他为什么说不出来？他会觉得很羞愧。我认为你爱我没有我爱你多，这句话说出来会觉得丢人。我想说其实我离开你就特别难受，所以我最生气的是你总是跟别人在一起，甚至比跟我在一起时更高兴。这些话说出来，你心里如果不是很有底气的话，说出来就会觉得非常低人一等，实际上内心很惭愧，甚至感觉很有羞辱感，觉得太丢人，说不出口。

我们仔细听那些吵架的话，把那些纯粹想要表达、发泄情绪的话去掉，可以发现在剩余的话中包含了我不要什么——我不要你这样对我讲话，我不要你用这个眼神看我等等，以及我需要什么，或者我不是那样的人，你误会我了，我是这样的人。

在这两种情况之下，大家看这两个句式有没有发现什么特点？其实前面是不要，后面才是要，对不对？人在成长的过程中，没有特别多这样的反思，成天去学习也很紧张。在这种纯粹的、单纯的长大过程中，我们很多时候不知道自己想要什么，但是我们会知道我们不要什么。所以人们常常会说我不要这个，不要那个，这个不好，那个不行。其他人还会觉得怎么全是否定的话，不说肯定的话。他在慢慢地筛选他要什么，所以先是否定，然后才是肯定。人们常常是这个样子。

所以没关系，你就先听他说不要什么，怎么做他不开心、不喜欢。随后才是他要什么呢，合不合理呢，跟我的需求碰撞吗，我们之间该怎么相处呢？了解到你不是这样的人，那你是什么样的人，我愿意来靠近你。所以吵架是很难得的，它可以说是在比较赤裸相对的时候，我把我漂亮的面子放到了一边，我就跟你说真心话，我就不高兴，就告诉你我不开心。

我们就要问不高兴在哪里，不开心在哪里？以前有男孩子告诉我，他说女同学实在太难相处，真的没办法谈恋爱。在追求女孩子的过程中，他跟女孩子说今天我们吃点好吃的，然后问去吃什么。女孩子说随便。男生先后提议火锅、热干面，都被女生拒绝。男生两次受挫后开始有点难受，也不太清楚女生想吃什么，就打开大众点评想看一看其他人的推荐，结果女生就生气了。女生认为男生在这件事情上没有主见，使得简单吃个饭都变得很费劲。男生就觉得自己太冤枉了。男生认为女生开始时说随便，后面在自己决定的时候却开始各种否定，感觉不知道该怎么与她相处，左也不是，右也不是。

我们一起来分析。从一开始的随便到后面的否定，我们可以看到女孩子对吃的不那么随便。但是为什么她一开始要说随便呢？这个时候她在告诉你她是什么样的人，或者她希望在你面前表现出她是什么样的人。我们重新回顾这段对话，"今天晚上吃什么好吃的？""随便。"这时你就明白她是在告诉你她是什么样的人，你的脑子要迅速转起来，找到各种机会去认清楚；或者因为你们的关系还没有确定，你这时还需要更多地去表达自己的善意、好感、喜欢和欣赏等。这个时候你就可以随便说，"其实我觉得你这样特别好，特别善解人意，一点都不挑剔，我也觉得其实我跟你在一起吃什么都不要紧，关键是跟你在一起吃。"

她到底要什么呢？她前面说随便的时候，她是在告诉你我这个人很好相处，我其实并不挑剔。你可以顺便告诉她，你自己是不是这样的人。我特别喜欢，特别欣赏你，我也觉得只要是跟你吃就可以，吃什么都无所谓，还能顺便表达一下爱意，顺便表个白。

其实可以通过吵架看出一个人是什么样的人，或者另外一个人觉得他看你是一个什么样的人，随后才可能跟他的价值观发生冲突。

所以说到底，吵架是因为不同。有差异怎么共存？哪怕你们是同卵双胞胎，其实都会有不同。人既有肉体，又有灵魂。我们都有好几个部分，所以分裂是人生来就要面对的一个难题。

早期比如在婴儿长大的过程中，他其实就在好妈妈和坏妈妈中产生了分裂。最早小婴儿出生时，他觉得妈妈很好，这个世界也很好。如果妈妈照顾得不错的话，会给他奶吃，会抱他，会让他觉得温度适宜、暖暖和和、软软绵绵的。但是婴儿在成长的过程中发现有的时候饿得没奶吃，无聊的时候没人陪，有时温度不对也没人帮他调整。婴儿觉得很不舒服，但是妈妈好像没有出现。

　　婴儿会觉得喂奶的时候是一个妈妈，有时会让自己饿着的是另外一个妈妈。他不会看到这是一个人的两面，而会把妈妈分开成两个，也就是分裂。他为什么要这样去区分？因为他觉得如果我可以区分开来的话，这个世界我就更加能够掌控。我知道什么东西是好的，什么东西是不好的，什么是安全的，什么是危险的。以后我跟这些安全的、好的人相处就可以了。这样的话，世界对我而言就是非常舒服的。

　　小孩子刚开始面对妈妈就是这样想的，他后来慢慢长大到青春期甚至成年期才会慢慢接受自己的妈妈有缺点，但是也有优点。这些都是一个人在成长过程中的分裂，很多人都会接受。成人之后也有分裂，比如我们也会去评价什么东西是好的，什么东西是糟糕的。一对恋人的父母生活在不同的环境中，对好和坏、优秀和平庸、美和丑、满意和失望的定义都是不同的。每个家庭对这些评判的定义不同，可能我们家人认为瓜子脸很美，而另一家人认为方脸很美。

　　分裂是早期为了应对世界的不同方面而存在的。我们有时候也会震惊一个人做了不像是他会做的事，认为事情不是他做的，但是他确实做了。人就是有不同的面。你有的时候看到他的优点，这是你需要的部分。但是地球不会围绕你一个人转，总会有你不需要的东西也在他身上存在着。

　　所以当不同人相遇时，我们就要进行碰撞，在碰撞的过程中发现到底什么是对的，什么是真正的真理。但是其实真理不止一个。为什么说恋爱很锻炼人呢？为什么我说吵架也可以变成建设性的呢？因为它在不断磨炼我们的心智，磨炼我们的包容性。越是完美主义、强迫、偏执的人在恋爱中就越难相处，因为他的价值观里有很多的"必须"和"应该"且非常坚定。你必须上完课就马上写作业，一旦你没有写完作业，就代表你这个人不上进、不负责任。上升到这样的高度，要么吵架，要么离开。吵架就是希望对方改变，但是改变很难。

日常生活中很多常用的语言都会体现这种分裂，比如"理想很丰满，现实很骨感""肉体和灵魂的冲突：我的灵魂告诉我今天要好好学习，但是肉体告诉我我不想学习"。这样的冲突太多，我们都浸泡在差异中成长。

父性和母性是个体成长过程中必需的两股力量，比如说愿意和渴望冒险（父性的力量），同时有时也渴望安全或安定（母性的力量），这看上去非常矛盾与冲突，外在的不兼容和我们的内在冲突相关，其实冒险和安全都是需要的，可以在不同时期兼容。有时觉得自己挺好的，有时觉得自己挺糟的；有时觉得很喜欢自己，有时又很烦自己。谈恋爱时，这样的冲突转化到另外一个人身上。你认为他好你才跟他谈恋爱，其实他身上有很多部分是你心里不愿接受的。彻底接受他的缺点和优点，也是自我内在不同成分和解的过程。

②尽量避免无效和破坏性的争吵

什么是无效甚至破坏性的争吵？无效和破坏性争吵的第一个特点：我说的都对。这种人成长过程应该是挺顺利的，甚至取得了一些成就，比如考个名牌大学，也一直深受同学和老师的喜欢。这些更加让他坚定他的观点是对的，也让他更难倾听与包容别人的观点。

有个女生认为她与她的男朋友完全没办法沟通，我让他们一起来咨询。两个人在10分钟内回顾了之前发生的事情，无论女生说什么，男生都在附和，认为女生说得对、有道理，对其表示赞同与支持。女生认为男生今天比平时格外好沟通，平时不是这个样子；但男生却认为平时的沟通还可以，今天完全没办法沟通。在女生看来，她需要的沟通是男生全部都要附和、同意自己。但是如果每说一句话别人都要同意，不能反对，这就变成了通知，不再是讨论。

第二个重要的特点是情绪的肆意发泄。这个时候我不高兴，所以我就要把我所有的不高兴都发泄出来。这是很伤感情的，因为这时情绪如果一点都不克制，你就真的会觉得对方是在抱着救灾的心情和你在一起谈恋爱。在这样的情况下，什么话恶毒就会说什么，因为这些恶毒的话最适合发泄。而情绪一旦完全放开，就真的没有理性，将动物的攻击性完全表达出来：因为你把我弄疼了，你让我痛苦，你让我不开心，所以我就要让你痛苦加倍，难受加倍。这时理性完全下线，这是很伤人、很伤感情的。

可能还有其他的特点，现在也无法穷尽。

你有没有这种与亲近的人讨论问题与糟糕事情的习惯？与亲近的人讨论糟糕，其实很麻烦。与比较陌生的人讨论糟糕，他会觉得与他无关，相对会好一些。比如，你觉得家里或是学校专业真的是一塌糊涂，一点希望都没有。如果你和陌生人说，他觉得你难过就难过，他听了之后不会马上也有情绪。但是如果你跟一个很亲近的人说这样的话，他马上会觉得这事跟我有关系。他就开始给你提建议，开始劝你、批评你，"专业挺好的，你怎么这样想？你这个人真是身在福中不知福！我觉得你这个人有的时候太悲观了"。这样就会吵起来。我本来想跟你说些心里话，这些话可能相对负面一些、低沉一些、消极一些，但是我想告诉你我内心的话，因为我跟你关系很亲近。但是常常那些问题和糟糕，会变得好像是指向他，或者好像让他觉得他有责任帮你解决，这会让人变得很烦。所以有这样一个讨论问题和糟糕的习惯是一件不容易的事情，他要让你听得下去。即使天气很糟糕，海水很浑浊，你也要像定海神针一样稳在那里。

假如你们是一对恋人，女友跟你抱怨：'你最近刷牙了么？你嘴里的味道怎么那么难闻，臭死了！'听到这样的话，你会有怎样的理解与反应？你会不会觉得她是在表达对你满满的嫌弃？你会不会想"没想到她竟然这么嫌弃我，那她为什么还要和我在一起，不如分手算了"然后你会反击她说："你以为你自己有多好，你自己的嘴巴也臭呢！"。这是一种认知与反应，还有一种是认为她只是在和你反馈一件客观的事实，所以你要谢谢她把真实的情况告知你，要不然你和别人说话的时候嘴巴臭臭的都不知道，她是因为和你关系近才告诉你的，所以你就更加珍惜你们的感情。在感情中，还有一些更严厉的批评、抱怨和怨气，还有在婚姻生活中对对方父母的抱怨等，面对这些批评，你能否听的下去？你是否有内心倾听对方和积极理解对方意图的习惯？

这个习惯其实很难养成，为什么呢？在恋爱时，当对方在谈论你们之间的问题或者表达负面情绪的时候，你的心里同样可能有生气、愤怒，你会把对方谈论的这些负面的事情当成是在对你的攻击，认为她是在指责你做的不够好，你可能会觉得她在嫌弃你，所以不够爱你，她看不上你等，为什么这个时候我们看不到对方的真实的意图呢？因为这个时候，这些内容可能触及到了我们内在的自信，所以问题出来了，在恋爱中，你在她／他面前有足够的自信吗？你能抗住她／他对你真实的批评吗？能否坦然接受这些批评并且去改变吗？当对方表达负性体验的时候，你还会不会很坚定认为对方依然是爱你的？

"我不够好对吧，都是我的问题。"如果你这样想的话，你就特别听不得。因为你觉得讲这些问题和糟糕状态，会连续地对你们的关系造成伤害，或者对你进行攻击或否定等等。所以听不得的背后是你的自尊与自我评价不够，特别是面对这个人的时候，其实是你的信心不够。

③怎样扩大争吵中的建设性

刚才是破坏性和无效性的部分，我们现在来讨论怎么增加建设性。

我刚才说，真正的吵架肯定是带着情绪来的。只有带着情绪，他才能在以往彬彬有礼但同时也是客客气气保持距离的时候，把他的一些心里话更加直白地讲出来，这是值得珍视的。关键在于你能不能消化掉，能不能掌控住。

首先要增加建设性，要会观察和识别情绪。刚开始恋爱的时候，在蜜月期你好我也好。慢慢到磨合期，情绪就会跑出来。吵架有三种方式。第一种是最强烈、最劲爆的形式，两个人对吵，谁也不服谁。彼此都很真实，完全表达自己对对方的负性感受，但是因为这种吵架谁也没让着谁，冲突就会不断升级，很伤感情。在这个过程中两个人可能会口不择言。一旦人到了痛苦难过、心情不好的时候，到了要释放或缓解痛苦的时候，他就要对外攻击，就会口不择言，这是第一种劲爆的吵架方式。

第二种是一追一逃。这种吵架就是一个人在吵，另外一个人觉得安静点好，吵架太丢脸了。这样的人很害怕吵架，很回避吵架，特别不喜欢争吵，但是又不知道怎么去回应和安抚如烈火熊熊燃烧一样的对方。如果这个时候没办法去安抚她，她的情绪就会因为没有受到安慰而自我升级。当情绪已经起来后，自我调节的机制就可能出现问题，没办法让自己的心情平静下来。而旁边的人又怕吵架，一听到讲话声音大或者其他要吵架的表现就吓死或烦死，就想溜之大吉。但是"追"的人没有接收到回应，就会更着急。她就觉得为什么你不能多说两句话？如果你真的爱我，你可以讲一讲话。你什么都不跟我讲，你什么意思？你可以跟我坦诚相见吗？另一方在"逃跑"的人就会觉得快别吵了，如果你真的跟我相爱的话，你为什么不能让我亲近一点？我们也不一定要这么大声地说话，你为什么就一定要这样没完没了？这是第二种。

第三种情况，吵架的双方相互不看一眼，这里的争吵处于冷战的阶段。从这个角度来说，第三种情况两个人以前肯定吵过，但是可能两个人都觉得吵不清楚，或者两个人都回避冲突，都不说。这样就造成了隔离，两个人之间开始筑墙。这里的情绪可能也会有一些失望。

其次是找需求。我会重点讲找需求，事实上需求很难讲出来。有人觉得自己挺大方的，会讲需求。但有时候可能讲不清楚需求，或者你的需求只讲到了一半，而且有时所讲的需求是不利于建设关系或者保护自我的。事实上，吵来吵去不外乎有两个目的：一是保护自己，不要受伤。你不要侵犯我，不要骑到我头上，不要老是对我吆五喝六，你要给我足够的自尊。二是建设关系。我不想断掉这段关系，我特别想建设，想挽回，想要让这段关系更好。关系里的需求不外乎这两大类，但是在每个人身上细分是不一样的。你说出来时词不达意、心口不一的情况也很多。

我们找需求要四步走。第一步，我们要识别她的心情。需要注意的是，吵架的过程中，如果你自己觉得能够把吵架转换成沟通的话，我们就按照四步走。如果女生的情绪特别糟糕，你也承受不了的话，那就冷一冷，等情绪稍微平静一些之后再来处理也是可以的。

最好的情况当然是在当下吵。吵架最好轮流吵，不要一起吵，即以一个人为主。如果她先生气，先挑事，那么我就是"消防员"或"维和部队"，过来处理争端。这样的搭配是比较好的，是有建设性的吵架。如果两个人都一样暴躁，或者一样不说话，或者一追一逃，那都是不行的。

比如两个人中你是"消防员"，她是吵架挑事者。你就先问挑事者。先挑事的人先难过，她的难过程度一般来说比你高一点，或者说她的特点就是一定要爆发出来。你可能也很难过，但是你能忍，她忍不了，她的包容能力不行。所以第一步问她：你是不是感觉很生气。有人会说我不生气，但是她说不生气的时候其实声音很高。我们就可以看看她声音怎么样，"你看你脸都红了，你看你声音都不对了，你不生气但是你声音这么大，语气这么快，是怎么回事？"这是让她去识别情绪。

第二步，我们要去弄清楚她生气是因为什么。情绪是可以有的，大家一定要记住人有情绪才有情感，情绪和情感是相关联的。只要是真实的情绪，背后都是深厚的情感，情绪越激烈，可以说情感越深厚。所以要珍惜这种情绪，她可以对你发情绪，那说明她有些情感被勾起来了。真的付出了情感才会发脾气，所以我们要去问问她为什么生气。

有的人不愿意说，我们就去猜。恋爱中间确实需要去猜。为什么开始不能直接说？因为我们的需求是找一个了解我的人，找一个贴心的、懂我的人。那么怎样叫贴心，叫懂？就是我不说你能猜得出来。当然她不知道有多难猜。所以你就要多猜。有时候需要再听她讲一遍：是因为我刚才说了一句你有点胖吗？是这个原因吗？对方回复的是：因为你居然说我胖？

此时第三步很重要：我们要承认她情绪的合理性，绝对不能说不能生气。你需要说，"其实我是很欣赏你的""实际上在我心目中，你的胖是恰到好处的。跟其他人的瘦相比，我更喜欢这种胖"。她需要的其实是这个。

第四步，偶尔还需要道歉。比如说："你知不知道其实我心里真的很喜欢你，你可不可以告诉我哪些话说错了，而不用这样生气，你生气多了对身体不好，我也很心疼，我看了之后也会很内疚。我特别希望你跟我在一起能快乐一些"。

在分四步走的时候，比较忌讳的是把人家的感觉给顶回去。如果你说：

"你感觉生气是吧？因为胖了是吧？但是你知道吗，胖其实在古代很受推崇，比如杨贵妃……"这时候你是在顶回去。这样你们只会一直停留在一个点上，交锋会更激烈。

这时你要问的是：你感觉到不开心，有些生气，有些伤心，感觉到委屈，为什么会有这种感觉？你得尝试去理解了这种感觉的来源，然后得出结论：原来你的真正的需求是什么。你有这种感觉，是因为这个需求没有得到满足。

吵架的时候她其实很看重你对她的评价和鼓励。人是需要恋人肯定自己的。恋情其实是人自恋的一种外化的表现。所以我们可以提意见、提问题，但是要在安全、彼此信任的基础上。怎么信任呢？就是在这种误会、吵架当中一次次练习，一次次澄清。

给大家看几个吵架的现场语录。女朋友抱怨男朋友："你真的是不会安慰人，你更不会理解人。"男生说："确实我真的不是一个很感性的人，我不像你，我比较理性，我实在搞不懂你。"这话毛病在哪里？这个女生生气了，生气的点在哪呢？男生会觉得我不仅一句话都没错，而且我还在自我检讨。我不像你，我不是一个很感性的人，我的理性比较发达但是感性不够；我不是不想搞懂你，我是实在搞不懂你。

他不是话说错了，而是没有看到女生的需求。女生在用批评表达需要，"你真的不会安慰人，更不会理解人"，她想说的是我多么希望在这种时刻你能安慰我，你要是能理解我该多好。而男生说了什么？他其实有歉意：我不是一个很感性的人，我不是故意不去理解你，我也不是故意不安慰你，我是真的不知道该怎么办。我这个人比较理性，我跟你的不同实在太多了。但是"我实在搞不懂你"这句话听上去就变成了"你这人很怪，你这个人真的是莫名其妙"。

在这个过程中很容易出岔子，如果我们只找需求而不找解释的话就会好很多。很多吵架就是找解释，而解释多了就变成了打压。如果我们能够去关注需求：你是生气了是吗？你生气是不是因为这件事情？是不是前面一句话我没有安慰到你？我没理解你刚才那句话，我要是换成其他的做法，是不是可以安慰到你？怪不得你会这样生气，你是需要安慰和理解，我以后多学习学习。

记住前面的四步，不能随意跳过，这都是在以对方为需求。吵架是以一个人为重点，将对方的情绪抚平，如果做到了这点，这个时候对方的情绪得到了释放，需求得到了阐述。那是不是问题就解决了呢？还没有，因为这个时候还有一方的负面情绪并没有得到释放，所以接下来就需要进入到下一轮的步骤。

这里有一段对话，女生说："我早看出来了，你烦我了，嫌弃我了，不爱我了。"男生说："你又瞎想。"然后这个女生说："我没瞎想，你上次上上次……"，男生变脸了说又翻旧账，但拿她没办法，翻旧账也说不过她。然而这个女生没有得到合适的安慰和回应，就自我升级了。情绪越来越激动，说要分手，男生同意现在就分。

这个女生开始说："我早看出来了，你烦我了，嫌弃我了，不爱我了"。此时这个男生就应该要看到需求保证、需求爱意的表达：你是不是烦我了呢？你是嫌弃我了？男生说"你又瞎想"，就是顶了回去。人只要遇到抵抗，就会更加迎难而上，就会弹得更高。她会说我怎么是瞎想，我是有很多根据的。这样的谈话继续下去，男生就会让自己完全陷入委屈和无奈当中。女生说分手，男生就说"分就分"。为什么男生这么说话呢？他是在保护自尊，他感到自己的自尊心受到了伤害，觉得自己怎么说、怎么做都不行。都不行就拉倒，你有什么了不起的，我不干了。

有一个女生曾经问我："老师，我的男朋友肯定不爱我，因为他明明知道哄哄我就会好。他为什么不哄我？"我就问男生，男生回道："她那样说话我其实也感到很受伤，我也知道哄哄她会好，但那时候我就说不出这个话。为什么说不出口？因为我自己的心也在滴血，她那样说我难道不难受的吗？这个时候还要让我哄她，难道我不是人吗？"

似乎关于吵架的很多故事都是以女生为主，但在过程中确实也有男生表示，只要女生做些什么，自己就会和她和好如初，甚至更爱她。为什么她就不做呢？那个女生也会表示自己的受伤和需求表达上的困难。

在冯仑之前参与拍摄的综艺节目《野蛮生长》中，他的女儿说爸爸一直很忙，经常是忙到半夜12点才回来。在大学暑假的一天，爸爸回来很晚，精神头十足地拉着她聊天，先形式化地问了她几句学校怎么样，最近上什么课，然后就开始侃侃而谈他最热衷的宏大命题，从人生讲到社会，从社会谈到责任，从责任谈到理想和使命。过程中她只能机械地点头，后来心里的委屈感越来越重，终于忍不住趁爸爸洗漱的时候，冲进了卧室，抱着母亲痛哭流涕，跟妈妈诉苦："为什么我的爸爸总跟我讲他在外面跟别人讲的一样的话，他说得都有道理，为什么他不能问问我的个人生活？跟我说说只有父亲会跟女儿说的话？"

这个需求看似说得很清楚，但提得还不够深。她为什么要这些？她要的是父亲给女儿独特的爱。她其实在看这个爸爸到底是不是真的在乎她这个女儿。后来爸爸在工作后又跟她讨论这样一件事情，在一个机场就简单半个小时的见面，她爸爸跟她谈他的火箭计划。她和爸爸大吵一架，说爸爸狂妄自大，爸爸就说这个孩子完全目无尊长。这次吵架吵得很凶，后来他们又和好了。到了30岁左右的时候，女儿终于明白她跟爸爸吵架吵的是什么，她难过伤心的是什么，她要的是什么，她才慢慢明白自己的需求。所以人有时候吵架，需要清楚自己想要什么，可能需要别人帮他一步步地问，"不要那个，那要什么呢？"要的是更根本的东西。她说爸爸在跟别人说话时，自己心里其实非常不高兴，陷入浓浓的难过当中，但是又要在表面上波澜不惊，不能在他和工作人员面前露出情绪化的马脚。

这种难过出现在每一次她听父亲讲述他的太空理想的时候。难过背后的根由无比简单而幼稚，以至于她羞于表达——我需要你的爱，我需要你的关怀，我害怕失去你。她后来说，她其实害怕在未来的某一天，父亲会去到一个很大很远的地方去实现那在外人看来很极端、在自己看来很浪漫的太空梦。她害怕他离开地球，害怕他离开家人，害怕失去他。所以我们想想看，如果女儿真的能跟爸爸说出来"我害怕失去你"，这个架是吵不起来的，即使吵架了也会增进情感。

但是我们的需求太难表达了，因为我们每个人的成长经历不一样。男生说我生气了，结果女孩子给他递一杯水说别生气了，多喝点热水。为什么会这样？这其实是回避，回避就是不同的依恋类型，依恋类型就是在不断问自己：我跟同我亲近的人相处的安全感足不足够多？

④不同依恋类型下的表达方式

焦虑型的人安全感不足，表现方式是去追着你，一定要追到你宿舍底下，追到深更半夜，一遍遍地拨打电话，一次次地给你发微信，是急性子。他很担心，他总觉得事情都不好，因为他在成长过程中是靠不上别人的。所以他说不出他的需求，他只会用情绪胡乱地将自己推走，去发泄情绪。看上去好像是在拉近关系，但事实上是在破坏关系。

回避型人格的人总是在躲。事实上他们比较慢，内心很恐惧。他觉得这个事情不会好的，你越吵他就越会走。他的成长类型也是一直靠自己。

这两种不安全类型的人，在他成长过程中，他为什么不告诉别人他的需求？因为他靠不上别人。有两种情况，一种是怕别人会走，一种是认为这个人一定会走。他跟别人的关系建立起来非常难，内心的想法是：就算我说出需求，对方也不会满足。

安全型人格的人呢？我誓死捍卫你的表达。我的女儿告诉我说，"妈妈我想环球旅行"。我说可以的，慢慢想。她说我要去环球旅行，我说不能去但是可以想，你需求表达出来没问题，说不定哪一天我们也会去环球旅行，但是现在没办法实现这件事情。

所以要帮对方降低焦虑，多夸夸对方。就像孩子会被爸爸妈妈捧在手里，人只有在觉得安全、不焦虑的情况下，他才能说出自己的需求，否则就会吵起来。比如，这个人控制欲很强，我们要夸他，甚至吵架的时候我们都要夸他：你做事很认真、很投入。不信？不信我还要接着说。虽然你很孤独，但是你很独立，所以你很难依靠别人。好的恋爱是给人赋能的，爱情是一件非常美好的事情。很多人说老师我不结婚，我也不会和他们争吵，我会觉得你爱结婚不结婚。又说我不生孩子，那你爱生孩子不生孩子。但是，我会劝你恋爱，在合适的年龄碰到合适的人。什么叫合适的人？你觉得喜欢，你跟她很对胃口，吵架都是正常的。

在吵架的过程中，要去学习、去理解对方的情绪，看到她的需求。好的恋爱是人和外界的关系，但是它反射到自己身上，就是我和我自己的关系。

03 小结

恋爱中恋人吵架时应该注意以下几个方面：

第一，恋人吵架可以是一种沟通，不要总是辩论。吵架其实有很多情感的东西在里面，要去读情绪，顺着情绪这根藤去摸后面需求的瓜。

第二，吵架是一种喷薄而出、不可遏制的自我表达。是我在告诉你我是谁，所以要珍惜这个机会，我要什么。当然了，说出来的话可能都是我不要什么，我不是什么。先做排除法，像做题一样排除，然后得出最后的答案。

第三，学习倾听情绪，然后猜测或确认需求。你要这个是为了什么？是要钱还是要房子，要这个是为了什么呢？如果有了这些的话，觉得会对自己的人生很有信心，那么事实上你的需要是要有信心。那么现在还没有房子，还没有什么的时候，我们怎么可以有信心？如此触类旁通。

第四，每一轮的主角不一样。你可能觉得我也有情绪，我自己还在受伤，凭什么要先安慰她。但是你的情绪可以先等一等，你可以让她一点，你再等下一轮。每一轮以一个人为重点。这个方法我上次介绍给其他人，一个男生跑过来告诉我说特别好用，我们家现在谁先吵架就先说一声，比如说我先生气了，对方就说："好，你先生气你先来。"这是为我们俩设计的一个非常有意思的模式，每一轮以一个人为重点。在好的关系中，两个人都要适当地表达自己。好的、坏的、骄傲的、自豪的和很困惑、很茫然、很怀疑的都可以说。

第五，吵架吵得好也是可以表达爱意的。和好之后会发现原来你这个样子对方还是很爱你，原来对方那么渴望去了解你，吵完架之后他反而很高兴，你吵完之后发现他没离开，你更加放心，关系会更好。所以别人会问我她的恋爱我认为合不合适，我说你们两个最糟糕的时候吵完架还能和好，然后看到对方缺点还爱他，你们俩就是合适的。因为生理性热爱的生物本能是简单的，心理和社会这块反而更难，跟长久性相关。

问题互动：

1. 两个人吵架之后冷战了一段时间，双方都互相不搭理，谁也不愿意去打破僵局。请问这种情况要怎么办呢？冷战之后的关系该如何修复？

吵完架之后的冷战就像我刚才说的状态，好像两个人都有点灰心丧气，还会有一些很不愿意表达的部分。所以我才说这是最难的部分，因为它有太多的不确定，你不知道他不说话意味着什么。就像刚才所说，到底怎么恢复？其实恢复的方法有很多，为什么你不去试，因为你不知道他的心意是如何的，你很害怕万一我去试了，但结果是碰了一鼻子灰，搞得最后被他嘲笑或者自取其辱。这就会让我们非常犹豫、胆怯，也会觉得越发被对方看轻，这个关系变得越发没有希望，所以有很多矛盾和挣扎的地方。

这时要问对方，自己也可以想想，吵架的时候最主要的情绪是什么？比如说对方如果说是生气或者无奈，或者失望，或者委屈，我们就可以写封信，用婉转一点的方式。但是你既然能问出这样一个问题，我猜你是非常重视，最起码是很珍惜这段感情的。

其实吵架并不一定完全意味着不愉快，有很多信息量含在里面，他为什么会不高兴？什么对他很重要？这是一个相互理解、相互了解的过程，是一个看上去有点痛苦，但是必不可少的磨合的过程。

所以冷战之后，我觉得既然你难过，你能提出这个问题，说明你比他更主动。我们常常说为什么我先做，因为你更高级，他在等着你动，是吧？这段感情就靠你了，他可能是更回避型的人，你要是也不动的话怎么办？这事怎么结束？所以建议可以按照四步来走，到第三步就可以了。到第三步的时候，可以先一步两步多走，搞清楚他为什么生气，然后来找找他的需要，然后再告诉他你难过在哪里。 最后第四步的时候，我们再看要不要一起来想想办法。

沈从文说过这样一句话：这个世道遇到爱遇到性都不稀奇，稀奇的是遇到懂得。你要知道他现在也不好过，他不好过你也不好过，带着这样的心情你可能就会更多地去做点什么。我还想加一句话：真的觉得这段感情还不错的话，值得你为他冒一个小小的风险。冒个险，稍微保护一下自己，但是更多地去建设一下关系，小心翼翼地去做点什么。那就是说还是要更注重我们双方的感受去照顾情绪，也可以用一些委婉的方式去沟通和交流。他不会莫名其妙地跟你冷战，肯定是有原因的。

2. 两个人在一起快 4 年了，但是是异地恋。异地恋的吵架需要怎么解决呢？

异地恋这事比较麻烦。如果是在同地，男生在女生瞎想时就上去紧紧抱住她，用行动去告诉她说我爱你，我不烦你，我不嫌弃你，就结束女生的瞎想了。但是异地恋就比较惨，异地恋在距离上吃亏，爱情有三角，在亲近这一方面就会有一点吃亏，要尽量去想办法。

你只能是靠精神这种无形的东西陪伴她、懂她、理解她。有的人一直挂在线上，这当然也可以是一种弥补方法，就假装两个人一直在一起。平板电脑或者电脑一直开着，哪怕上课的时候都一直挂着，两个人假装在一起上课。但最重要的是她的痛苦和内心的纠结。

这就像我们在读一本书一样。以前我有一个很好的中文老师告诉我，如果你想读懂一本名著，你就要去读懂这个人的痛苦。我当时不理解为什么要理解痛苦。后来我才发现其实痛苦都不是写在脸上的，痛苦都是放在心里的，或者是在行为中流露出来的，或者是遮遮掩掩地做了一些修饰的。

如果你能拨开那些痛苦，就能知道这个人究竟想要什么，能理解他，能够陪他一起去争取，这个过程会是别人不可替代的。那么不可替代的部分就是你需要去考虑的，保持一些联系，在情绪上、在理解上多下些功夫，制造一些见面的机会，也只能是这样了。你们既然能异地恋在一起，那一定还是有各自独立的部分。但异地恋对人的独立性的考验是比较大的，所以这也是你们遇到的挑战，也需要评估看看是否合适。

3. 为什么有些人在恋爱中总是会回避冲突，害怕跟人生气吵架？

回避冲突的人，你去问问他怎么长大的。虽然心理学不是像有的人所认为的好像所有的事情都是源于童年创伤，或者说三岁看到老之类那样的决定论，但确实过去的一些习惯会给我们带来局限。就像我们小时候爱吃什么一样，长大之后其实还是会对小时候爱吃的东西念念不忘。人的这种习惯，以及这种旧的记忆对人的影响是很大的，所以人要去不断地学习。但是我们大部分的学习都是学习文化知识，很少人去学习如何表达，如何跟别人建立关系。我常常跟我的学生说，你连一两分的填空题都没做过，就跑来做谈恋爱这么大的论述题，怎么能做好？结婚就是更大的一篇大论文了。

如果你要了解一个人，听他讲讲小时候的故事，会发现在回避冲突者的长大过程中，他们家可能有一个人是比较厉害的。小孩子当时很小，他会很反感、不喜欢，但是小孩也没什么办法。对于这种回避型的人，他其实内心会有一个强烈的愿望或者价值观，他的需要就是相爱的人就好好相处，不要吵架。吵架就是一件非常灾难的事情，吵架就是一件非常羞愧或者破坏力非常强的事情，他没有看到吵架其实也是一个增强彼此沟通的事情。他很害怕，那个害怕是曾经被伤过，是一朝被蛇咬，十年怕井绳。听上去似乎有点不合逻辑，你被蛇咬了一次就十年怕井绳，这不是大惊小怪吗？但是人的自我保护机制就是这么强，我被伤过而且伤得挺重，我以后就加倍地防范，宁可错杀一万，不可漏掉一个。

所以回避冲突的人其实是对这种情绪或者这种冲突非常不耐受的。你可以问问他，我声音大的时候你是不是心里就特别烦？或者吵架的时候你心里感觉怎么样？或者看别人吵架的时候你心里觉得怎么样？你会听到他其实很害怕。你告诉他说有些真话其实是必须在吵架的时候才能说得出口，但那一刻并不表示我们的关系要土崩瓦解或者家庭破裂。

所以一方面去陪他慢慢地了解，吵一两次架没关系；另一方面要理解他。这样的人也许他习惯性地不喜欢吵架，担心吵架是一件非常丢脸、非常不好的事。所以要从认知上、情绪上和行为上跟他一起去往前摸索。对对方的安抚也很重要。我以前说话声音很大，我们家先生非常生气，后来我就跟他说，其实我并没有吵架，我只是情绪激动一点，我生命力有时候比较旺盛，必须这么激动地表达，那只是我想引起你的注意力，并不是我要跟你打架或是如何，你不用特别担心。

爱情与性心理健康

雷光辉

教师简介:

雷光辉,华中科技大学心理健康教育中心副主任,中国心理学会注册心理师,中国心理卫生协会大学生心理咨询专业委员会委员,中国性学会性心理分会常务委员,湖北省心理健康教育与咨询研究会理事,湖北省心理学会临床与心理咨询专业委员会副主任委员,湖北省心理学会团体心理辅导与治疗专业委员会委员。

性在我们的文化中一直是一个比较禁忌的话题,尽管我们都知道它非常重要,而且它的力量也非常强。

我记得我在住学生宿舍的时候,半夜总会听到有一些宿舍中大喊一声"上天赐给我一个妞吧",鬼哭狼嚎一样,可以说大学生对于性的需求和渴望是非常强烈的。遗憾的是在大学、中学的课堂中,我们了解的关于性的知识却非常少。

记得在我读初中的时候,那时候生物课有一章叫生殖与泌尿系统,可以说那是我自己在学习生物时感觉最有意思的一章，所以从一开学就特别期待我们的老师能够跟我们讲一点什么。那时，关于性的讨论是少之又少。我们可能最多谈的是对谁有好感，喜欢谁之类的，很少去谈关于性的知识。我们可能会懵懵懂懂地谈一些喜欢，尽管那个时候可能会有一些性冲动，但是我们不会去谈。后来终于等到了上课的那一天，我们的生物老师走到讲台上跟我们说："今天我们来讲讲生殖健康、生殖系统这一章。"结果还没正式开始讲，老师的脸就红了，"这一章大家自学"。我最想学的那一章就这么通过自学获得了。

为什么说这个事情？尽管我们现在步入 21 世纪了，我们有很多的途径去了解关于性的知识，但是关于性与两性知识内容的课程还是很少的。作为一名心理咨询师，在日常的心理咨询工作中我发现的学生的某些问题，实际上就跟我们的性观念、性知识或者性态度有一定的关系。

01 什么是爱

①柏拉图之恋

柏拉图认为爱情是非常高尚的，爱情是没有肉体接触的灵魂的融合，是一种超个人情感的爱神的具体表现。这听起来非常唯美，我们都希望能有一个灵魂上的伴侣。但是，有多少人希望自己的爱情是柏拉图式的爱情？你现在问一下自己，你期待你的爱情是属于柏拉图所认为的这种崇高的爱情吗？在我的课堂调查中发现几乎没有一个人愿意自己的爱情是这种的。为什么？因为爱情需要肉体的结合，没有一个人，至少到目前为止我还没有遇到谁说在我的爱情中可以把肉体的接触去掉。所以说，柏拉图之恋是一种听起来很美的恋爱，但是它并不是我们现实中期待的爱情，原因就是它抛开了肉体的接触，也就是出现了我们所说的灵魂与性的割裂。只有灵魂的恋爱肯定是不完整的。

②恩格斯的爱情观

恩格斯认为爱情是一对男女基于一定的物质基础和生活理想，在各自内心形成的对异性最真挚的倾慕，并渴望对方成为自己终身伴侣的最强烈的感情。这个概念是我一直以来比较欣赏也比较认可的。因为我觉得恩格斯看到了爱情的本质，也就是说一定要有物质的基础和共同的生活理想，这个是爱情能够维持并走入婚姻的一个非常重要的条件。

如果说以结婚为目的的话，那么它一定是要基于一定的物质基础以及共同的生活理想。这个生活理想我觉得至少包含了两个部分：第一个是对于未来的期待是一致的，就是我们未来过什么样的生活；第二个就是我们的三观是一致的，就是我们对未来要怎样生活有一定的共识。在此基础上，我们同时形成了对对方最真挚的倾慕，并渴望对方成为终身伴侣的强烈的感情。这个定义基本上把恋爱和婚姻统合起来，但是存在一个问题：恩格斯认为爱情发生在男女，也就是说发生在异性之间。现在有一个问题出现了，有些人、有一些大学生他爱的不是异性，那怎么办？这是我们后面需要去讨论的地方。

③生物学家眼中的爱情

爱情真的是那么唯美吗？爱情仅仅在我们人类之间存在吗？生物学家是怎么样来看待爱情的？对于生物学家和化学家来说，爱情其实就是各种激素综合的结果。这些激素有什么呢？主要有多巴胺、去甲肾上腺素、内啡肽、催产素等。这些激素在你的身体中产生的时候你就会认为自己在恋爱了。

先说说苯基乙胺，简称PEA，这种物质产生的时候会给你一种一见钟情的感觉。在热恋当中这种物质分泌得比较多，它是一种神经兴奋剂，会让你心跳加快、手心出汗、颜面变红，一般遇到自己喜欢的人会觉得自己满脸通红心跳加快等等。但我也可以说不是因为你遇到这个人，也许你在那一刻刚好 PEA 分泌得比较多，所以你就觉得你好像爱上了他。同时 PEA 能够让人的智力下降，会抑制记忆与理性判断，让人自信心膨胀，变得偏执。所以我们说恋爱的时候女孩子会变傻，现在你就知道原因了，就是由于你在恋爱的过程中 PEA 分泌过多，促使你的智力水平在下降。

PEA 是人体内纯自然合成的物质，但我们也可以通过人工的方式把它合成，比如说安非他明类的物质能够让我们觉得很舒服很快乐。有研究发现患抑郁症的个体会缺乏 PEA。所以在恋爱的过程中，有些女生容易多愁善感，可能就是由于 PEA 缺少，这个时候我们可以给她买一些巧克力，因为巧克力能够促使 PEA 浓度的上升。可惜的是 PEA 的浓度高峰大概持续 6 个月到 4 年左右的时间，平均不到 30 个月，也就是说 2.5 年，这告诉我们什么呢？从生物学的角度来讲，一段恋爱它很难超过 2.5 年，原因是什么？因为经过 2.5 年以后，我们体内的 PEA 会下降，那么恋人对你，至少在身体上的吸引力就会下降。

第二种激素是多巴胺，多巴胺能带给人安全感和满足感，能增加心肌的收缩力，增加心排血量，使得脑血管扩张、血流量增加等等。多巴胺是一种能够让我们快乐的物质。一般来说，体育运动可以让我们产生多巴胺，所以各种运动能够让我们快乐，会让我们体验到满足感和安全感。

第三种是内啡肽，这种物质是一种镇静剂，可以降低你的焦虑，让你体会到一种温暖、亲密和平静的感觉。也就是说，内啡肽让你感觉你正处在一种非常好的爱当中，你被爱所包围。如果说 PEA 让你感觉你好像恋爱了，感觉你好像坠入了爱河。那么内啡肽让你感觉被爱所包围，这是一种让你非常亲密的感觉。

第四种就是去甲肾上腺素和肾上腺素。这两种激素是拮抗剂，会让你有怦然心动的感觉。当人处在一个比较危险的环境中的时候，我们的甲状腺素和去甲肾上腺素都会分泌，它们会让你的肌肉收缩，让身体处在某种应激的状态当中，就像我们第一次见面的那种感觉，所以它也能让人觉得像在恋爱一样。比如我们所说的英雄救美，当我们处于非常危险的环境中时，我们的身体为了应对危险的环境，体内会释放大量的肾上腺素和去甲肾上腺素。这个时候如果有一个英雄从天而降，我们会认为是英雄的出现让我们特别心动，所以我们就爱上了这个英雄，但实际上不是的。

第五种激素是催产素。催产素是一种消除紧张和抑郁，让你获得安全感和满足感的一种物质，这个跟内啡肽类似。当男女双方进入稳定的恋爱关系之后，男性体内的雄激素会降低，而女性的雄性激素会升高。同时男女两性体内都会分泌大量的亲密激素，让彼此感觉到安全感和满足感，这就是催产素。大家可以看到在爱情的不同阶段我们体内的激素是不一样的。

那么为什么要先说这个？因为这些激素跟性实际上是有相关性的。最明显的就是性信息素。性信息素是进行两性生活的动物为了相互识别释放出的物质，通过此种物质可以使雌雄接近并导致交尾，一般都是被动的雌性分泌发散性的信息素，诱引主动的雄性产生性兴奋，当然也有雄性分泌的种类。所以我们有时候会觉得一见钟情，会觉得我们终于遇到了这个世界上最契合的那个人、最吸引我的那个人，但事实上它很有可能只是雌性在你面前释放的某种性信息素，会促使你爱上她，并且会有强烈的性的冲动。

从这里大家可以看到，我们虽然一直说人类的爱情是非常高尚的事情，但是在动力方面，我们可以看到它有非常强的性的印记。因此偏激的人甚至认为，爱情只不过是我们人类为了掩盖我们内在强烈的性需求所自我创造出来的东西。这种说法虽然有些偏激，但是它也说明了性在爱情中的重要作用。在爱情中那些长得帅的男性，或者是漂亮的、腰臀比比较好的女性，都有比较强的吸引力。我们一般会说有趣的灵魂比好看的皮囊更有后劲、更有发展性、更值得我们去追求，但是大家有没有想过一个问题，如果她没有好看的皮囊，你是否对她有足够的耐心，去了解她那有趣的灵魂呢？问一问你自己。所以我们可以看到这些外在的一些吸引，在爱开始的阶段是非常强烈的动力。当然人不是完全受到生物本能的驱动，但是这种本能驱动的力量是非常强大的。

02 什么是性

性到底是什么？性是一个非常复杂的概念，我们可以从这几个角度来理解它。

①性的三种属性

首先是性的自然属性。人类一出生，会有一些天生的生殖特征，有些是男性的生殖特征，有些是女性的生殖特征。然后在此基础上，父母给我们买的衣服就不一样。随后，我们在生物性的基础上又增添了一些社会性的东西，即性的社会属性。

出生之后，我们的出生证明上，医生会标明男性、女性这样的性别。三四岁的时候，我们会对自己的身体特别感兴趣，你会观察到有些小孩会抚摸自己的性器官。再往后一点，我们就画"三八线"。小学阶段是我们异性相互排斥的阶段。到了初中，第一性征开始发育，男性出现遗精，女性出现乳房的发育和月经初潮等，个体从这个时候开始对他人有了某种仰慕，开始去爱某个人。

②**从需求的角度看待性**

马斯洛提出了需求层次理论，在人类的需求中，性和呼吸、水、食物、睡眠等是个体最基本也是最底层的需要，性的需要是我们人类的一个非常基础性的需要。在性需要满足的基础上，出现了安全的需要、社交的需要，比如说爱情、归属感、友情等。

爱情是比较复杂的，在爱情中我们可以同时满足五种需要，即生理的需要、安全的需要、社交的需要、尊重、自我实现的需要都可以满足。但是总的来讲，爱情还是属于人的一个中度的需要，它并不是人的一个必需品，而呼吸、水、食物、睡眠、生理平衡、性等需要，对我们来说会显得更加重要一些，力量也会更加强一些。所以去谈爱情的时候，如果避免去谈性的话，这肯定是不完整的。

③**性的意义与功能**

那么性到底意味着什么呢？性在自然层面上意味着身体的发育和成长。一般来说，人类在 18 ~ 24 岁之间身体的发育达到顶峰，之后会维持一段时期，到了三四十岁之后，身体机能就开始下降，所以说性在自然层面上意味着身体的发育和成长，刚出生的时候、3 岁到 5 岁的时候、童年期、少年期、青年期等等，不同时期性器官的发育是不一样的。

性在社会层面上意味着对两性关系的理解与自律。随着个体的成长，个体会越来越多地了解两性的一些差异，在社交中会去尊重对方，比如说在一些文化中要求男性去照顾女性，所谓的女士优先，或者说在特殊时期的一些照顾等等。个体越成熟，对两性关系的理解就更好一些。

性在精神层面上意味着人格的成熟与责任感的增强。你会知道性在你们的关系中意味着什么。如果你们有了更多的性的行为，那么你会知道自己在这个过程中需要去承担什么。

我们再来看性的具体的功能。

第一，性能够让基因得以传递。人类繁殖需要的动力是非常强的。当然随着人类的进步，性的内涵和外延变得越来越广，不再单纯地以生殖为目的，因为毕竟在性行为的过程中会伴随着很多的愉悦感。所以说性的主要目的不再是以基因传递为唯一目的，它还有获得愉悦感、获得亲密感等目的。

第二，性促使人类进行创造。一般在自然界中，为了吸引更多的雌性来繁殖后代，雄性往往都长得非常漂亮，它会更有创造性地去想各种方法吸引对方。我们人类也是一样的。一些优秀的人在恋爱中受阻，他可能会把他的精力放在事业上，创造出大量的作品，这就是创造性。有兴趣的可以去看一看纪梵希品牌创立的过程。纪梵希一辈子都追寻的一个女人，她结了三次婚，但是最终也没有嫁给他。所以说性不仅是有基因传递的作用，它同时还有促使我们人类更好地发展，更好地提升自己的作用。

第三，性反映了人的一些身体的机能。在一些母系氏族的社会中，他们会选一些牙齿非常白的美少男去伺候掌权的女性。包括性在内的一些能力反映了他的身体机能。如果说性能力不够强，可能他的身体出现了一些问题，当然这是从生物学的角度来讲的。

第四，性是建立亲密关系的一种愿望和手段。在恋爱中，很多人会有意无意地利用性来促进关系，或者是来达到某种控制的目的。性是一种权力。在日常咨询中，会看到有些女性通过剥夺男性的性权利来控制男性，也有反过来的。不管怎么样，我们可以看到性可以成为促成关系的一种方式。张爱玲曾经说过，通达女性心灵的最佳途径，就是通过她的阴道。这个听起来比较粗俗，但是确实说明了一个道理，当一个女性愿意与你发生性行为的时候，那她必然是非常信任你的。至少在那个时候，如果你们的性行为没有其他的目的，那么她肯定是非常爱你的。

④愤怒性爱

有学生问我这样的问题：我跟恋人吵架了怎么办？怎么样能够更快地缓解这种紧张的情绪，让这一页翻过去？在心理学上有一种性行为叫愤怒性爱，好像吵架了之后如果有一个性行为，一下子这个事情就翻过去了。那么为什么会这样呢？其实这就是一个通过性来促进关系的例子。吵架的时候，双方是处在某种愤怒当中，愤怒会让个体体内产生一些激素、神经递质，这些激素会让身体处在某种唤起的状态，这个时候出现性行为的话，会让人感觉到安全感、愉悦感等，所以说在吵架的时候，最简单的方式就是抱着他。那抱着是不是一种性行为呢？在这里一定要注意，我们在谈到性的时候，首先想到的就是性交行为，性交是性行为的最高目的，但实际上性有着非常广泛的概念，有一些是边缘性的性行为，有些是类性的行为。边缘性的性行为，就包括了拥抱、亲吻、牵手等。所以如果你跟你的恋人吵架了，那么最简单的就是抱着他，其实不用说太多。但是这一套并不是对所有的人都适合，为什么？因为这种情况下一般来说是双方的关系还比较好。切忌强迫对方，因为强迫违背了对方的意愿。这种情况下不仅达不到促进关系的目的，反而让问题变得更糟糕。

第二个要注意的是，愤怒性爱发生以后，情绪缓解了，但问题并没有解决。网络上有个词叫"贤者时间"说的是，人在完成性行为之后，人会去思考一些脱离性的事情。这个时候没有心思和精力去想性，而是会把精力放在一些比较理性的事情上面。所以如果想解决问题，那么还是需要在激情过后，再去好好地讨论双方之间的矛盾。这个时候又要特别注意一点，讨论矛盾不是翻烂账，这是因为问题并没有解决，而只是情绪在性的促使下被缓解了。所以愤怒性爱在关系还比较好的时候，利用它去修复关系，去缓解情绪是非常有效的。但是如果关系已经变得非常糟糕了，这个时候再用这种方式很容易就变成违背他人的意愿。

从这里我们可以看到，性和爱有时候是很难截然分开的。虽然性不等于爱，爱也不等于性，但是至少在两者之间有很多相互交叉的部分。好的性必然要有更多的爱，人类的性不仅仅只是为了繁衍。一个美好的性，它必然包含了性心理的成分，其中一个重要的点就是彼此的爱。彼此爱得越深，就像热恋中的性是最美的，为什么呢？因为热恋中的情侣最希望的就是能够跟彼此融合在一起。所以好的性需要爱，同时好的爱也必然需要好的性。这也就是为什么柏拉图式恋爱观念大部分人都不想要的原因，是因为它把爱和性，也就是说他把肉体和灵魂截然分开。我们既要肉体又要灵魂，这才是一段好的恋爱，分开的话，它都是不那么完美的。

⑤心理学家眼中的性与爱

心理学家斯滕伯格认为爱情中有三个元素，分别是亲密感、激情和承诺，就是说一段好的恋爱离不开这三个元素的结合。

亲密感是指与伴侣之间心灵相近、相互契合、相互归属的感觉，属于爱情的情感部分。激情是指强烈地渴望与伴侣结合，促使关系产生浪漫和外在吸引力的动机，也就是与性相关的动机驱力，属于爱情的动机成分。大家可以看到一段爱情是从激情开始的，因为这才是动力。没有激情是没有那么强的爱情动力的。第三个是承诺，承诺包括短期和长期，短期的部分是指个体决定去爱一个人，长期的部分是指对两个人的关系做出长久性的承诺，属于爱情的认知部分。这种承诺一般是以婚姻为高的表现，所以承诺跟责任有关，这个是爱情中沉淀的部分。

这三种成分间不同的组合构成了不同的爱。第一类只有亲密感，没有激情也没有承诺，这种情况是什么呢？就是朋友关系。朋友之间是有喜欢，但是没有激情，也没有承诺。第二种只有激情，没有亲密感也没有承诺，比如说一夜情。第三种只有承诺，没有亲密感和激情，称为空洞的爱，比如指腹为婚。大学生最常见的是属于第四种类型——浪漫的爱，大学生的恋爱主要是亲密感和激情合在一起，没有承诺的束缚，所以特别浪漫，大学生的恋爱是最美的恋爱，包括中学生的也是。第五种类型是有亲密感和承诺但是缺乏激情，比如说多年的夫妻之间，他们可能亲密感很强，也彼此承诺，但可能激情的部分就越来越少。第六种类型就是有激情有承诺但是没有亲密感。亲密感是一种彼此的信任，它必然和时日一起成长，它必须有足够的时间才能产生。没有亲密感，但是既有激情又有承诺，就如通常所说的闪婚。闪婚有激情，有承诺，但是缺乏亲密感，所以闪婚也容易闪离，原因就是没有亲密感，不知道彼此之间能不能融合在一起。最后第七种类型就是最完美的爱情，三个因素都存在。所以激情和性是爱情中非常重要的部分。当然，随着时间的不同，这三种因素在爱情中的比例也会有所变化，承诺和亲密感会随着时间变得越来越多，激情的部分所占的比例会变少，因为性与新异性有关。

有些同学问我，喜欢是不是爱？很简单，喜欢并不是爱，朋友之间就是相互喜欢的，如果不喜欢不可能经常在一起。但是喜欢缺少了激情的部分。而激情往往和占有联系在一起。我们一般不会反对朋友结交新的朋友，但是不能接受自己正恋爱的对象同时有其他的恋情。

03 大学生中常见的性话题

①自慰是性能量的释放

一些同学说他经常自慰，担心自己会不会得前列腺炎，会不会影响自己的性功能等，同时他在自慰的过程中可能还有一些特别的性幻想，幻想指向的对象可能是老师，可能是同学，甚至是某个亲人朋友之类的，因此非常焦虑。怎么来看待这个事情呢？说实在的，作为一位新时代的大学生，讨论自慰这个话题，还会因为自慰产生非常严重的心理困扰，甚至是心理疾病，这说明了我们的性教育太过于缺乏。

什么是性自慰？就是靠自己的能力来宣泄性能量，满足自己对性的要求，获得快感和慰藉。依靠自己宣泄性能量的方式一般有三种，即性幻想、性梦和手淫。

为什么自慰会引发焦虑？我们的文化中有"一滴精，十滴血"的说法，把自慰当成手淫。而"淫"这个词在我们的文化中又是一个带贬义色彩的字。很多人就会内化这种观念，个体有性的需求，但是缺乏一个合理的性释放的途径。想自慰，但是又内疚又自责，所以才焦虑。

自慰会伤身体吗？自慰会不会伤身体，可能还是要具体情况具体讨论。第一，自慰时要注意个人卫生，因为手上有很多的细菌，细菌会造成感染。第二，自慰结束之后也要处理好个人卫生，要洗澡等。第三，注意自慰的频率是否合理。有些个体自慰的频率过高，特别是某些处于焦虑中的人，他越焦虑就越想自慰，自慰的时候觉得很舒服，但是自慰完了之后又有深深的内疚和担心，因此变得更焦虑，进入一个恶性循环当中。

所以一定要分清楚，自慰是合理的性的释放，还是为了缓解焦虑。如果是缓解焦虑，这个焦虑可能是来自考试、经济或其他，这个时候通过自慰的行为来获得短暂性安慰肯定是不可取的。有些同学一天四五次，这个频率就有点高了。当然到底一天多少次对身体有损害，这个是因人而异的，因为每个人的身体状况是不太一样的。

那如果要缓解焦虑怎么办？基本上去运动场就可以了。学校都会建大量的体育运动场所，建运动场所非常重要的作用是促进你去锻炼身体，让你的身体变得更好。但是它还有另外一个非常重要的功能，就是要让你去释放你的性冲动。青少年性的冲动太强烈，需要通过体育运动把它释放出去。多建一座体育馆就会少建一座监狱，这个观点绝对是正确的。人类很多犯罪行为都跟性有关，如果性的张力被合理地释放出来，犯罪的动机就会减少。

②性行为带来愉悦感和亲密感

大学生中会出现一些其他的性行为，比如说亲吻。亲吻也是释放性冲动的一种，是性行为的一种表现形式。它能够让你愉悦，感觉亲密。所以说恋人需要亲吻、拥抱。

有同学会问我，男朋友总是想邀请我去滚床单，那么我怎么办？甚至有男性还威胁说，如果你不跟我去滚床单，那我觉得你不正常，我们就分手。这种情况下怎么办？其实很简单，如果你没有准备好，你就拒绝。当然在这个过程中不要给他一些错误的信息，因为有时候拒绝不够坚决，会被男生误读为是害羞，可能让男生的性冲动变得更强。当然也要减少单独相处去私密地方的机会。

③处女情结是一种精神洁癖

有些男生会嫌弃女生不是处女。有处女情结的人一般控制感特别强，但是他又没有足够的能力获得控制感，所以他才希望对方是完美的，是"贞洁"的。事实上，这是一个很明显的双标行为。他一方面渴望在未婚的时候与恋人发生性行为，一方面又会因为对方非处女嫌弃对方。有些人说处女情结是一种精神洁癖，但是癖是什么？癖是病字框，用心理学的话说，它就是一种强迫观念。

④安全期不安全

安全期并不安全，因为首先算不出排卵的时间。我曾经调查过学生有多少人知道女性的排卵期，结果发现男生大都不知道，女生也有一大部分不知道自己的排卵时间。一般来说排卵是下一次月经开始的时期再倒推14天左右。这有个前提，就是说经期是比较稳定的，如果月经不稳定，这种推法就不准确了，有些女生的月经周期是35天，另外要注意的就是排卵跟营养、心情也有关系，所以所谓的安全期并不安全。

⑤性病

稳定的性伴侣与科学使用安全套是避免性病的最佳方式。

⑥宫外孕很危险

宫外孕是非常危险的。有这样的案例，女生怀孕之后，男朋友因为害怕或者什么原因跑掉了，或者是这个女生害怕告诉家长，或者由于害羞、害怕被处分等各种各样的原因不及时做检查，这是非常危险的。如果怀孕了一定要去检查，避免宫外孕。所谓的宫外孕就是受精卵没有正常地在子宫内着床，比如说在输卵管里面。输卵管的弹性跟子宫的弹性是没法比的，受精卵越长越大，会阻塞输卵管，也可能把输卵管给撑坏。如果发现得比较晚，后果可能非常严重。

当然如果不是宫外孕，但是又没有生育的条件，需要做人流的话，怀孕的前40天以内做比较好，千万不要拖。有一些报道说把娃生在厕所里，每次看到这种新闻，我心里就会特别难受，你说肚子里有个孩子自己能不知道吗？所以我觉得这和我们的性知识的普及有很大的关系。

⑦宽容对待性少数群体

一般来说大家爱上的是异性，但是也有一部分群体爱上的是同性。有一些同学因为爱上同性之后特别担心，他会担心自己不正常，担心父母知道怎么办，以后怎么样去生孩子，等等。这些情况属于少数群体，如果身边有这样的少数群体，希望能够更宽容一点，宽容地对待自己和对待他人。

性少数群体分为四类，第一类是在性倾向上的少数群体，第二类就是性别认同上的少数群体，第三类是性别表达上的少数群体，第四类就是生物学上的间性等少数群体，统称为性和性别少数。在性倾向上，一般指到底是爱同性还是爱异性还是爱双性，或者我都不爱。性别认同是指认为自己到底是男性还是女性。在性别表达上，大部分个体会按照社会的性别要求进行穿戴，但也有一些男性喜欢穿裙子，一些女性喜欢穿西服等。生物上的间性是指同时具备男性和女性的生殖器官的特征，如中文中的阴阳人。

大部分的个体属于顺性别的异性恋者，就是生下来个体的第一性征是什么就认同是什么，同时在恋爱的时候爱上的是异性。

需要注意的是，少数群体比例大概在 5%，不超过 10%，它是一个偏态分布，异性恋者占了 95% 左右。一些人可能担心人类生育的问题，事实上如果法律允许，很多同性恋者也愿意去领养、抚养小孩，或者做试管婴儿。

04 总结

性是个体成长中非常重要的部分，在享受性的过程中一定要有安全的性行为。从预防性病的角度以及避免怀孕的角度，最好的方式就是科学地使用避孕套。

希望每个人都能拥有美好的爱情，也拥有非常完美的性。

问题互动：

1. 我们在谈恋爱的过程中会分泌 PEA，里面提到女生会变傻，那在谈恋爱变傻这个事情上有性别差异吗？男生在谈恋爱的时候会不会也分泌 PEA 呢？

这个问题非常好。男生女生都会分泌，恋爱的过程中，你会发现不管是男生还是女生都会做一些匪夷所思的事情。最常见的是热恋中的双方说话喜欢使用叠词，要亲亲抱抱举高高之类的。热恋中的人听到这样的话觉得很甜美，可其他人听到这样的话，是不是觉得特别不对劲。恋爱的双方会觉得自己像儿童一样，但是旁边的人听起来会觉得怎么这么肉麻。所以其实你会看到双方都有一些不那么理智的行为，因为从理性的角度你就不会干那种事情了。在心理学上又把这种现象称为退行。

2. 在一段恋爱关系中只有性，这段关系还算是爱情吗？

从斯滕伯格的理论来看，爱情有三个成分，一个是亲密感，一个是承诺，一个是激情。只有性的话，很显然它不是一段好的爱情关系。如果爱情关系中只有性，这样的爱情关系的质量是非常低的，它只满足了身体的需求。

3. 如果一个人他心里无性的话，是不是就代表着他有心理疾病？就好像我们刚刚提到马斯洛的需求层次理论，好像性也是一个非常重要的需求，如果没有性这个需求的话，是不是就无法自我实现呢？

不同的专家根据自己的经验和理解来描述人类的行为，因此在解释复杂的人类行为时，任何的理论都是有局限的。包括心理学的大师弗洛伊德、马斯洛在内，他们都是一些非常著名的心理学家，但是他们的理论也不能解释人类所有的心理与行为，人类的行为非常复杂。

无性恋至少包括两种，一种就是在性取向上，无性恋者对任何性别的人都没有兴趣。还有一些人可能会觉得自己完全没有性的欲望或者性的冲动。这算不算是有病呢？我认为它不是一种病，有些人的性欲比较强，也有一些人的性欲望本身就很低，甚至会觉得这种行为挺恶心，他有权利去过他所喜欢的生活，以及可以保留他对性的观念和对性的态度，我认为是可以的。

当然这有个前提，即不能损害他人的利益。如果一个无性恋者为了世俗的观念嫁给了一个异性恋者，就剥夺了恋人的性的权利，损害到另外一个人的利益，这个情况下的结婚行为是值得商榷的。如果说你没有结婚，认可自己对任何性别都不感兴趣，甚至说不需要性，性欲望很低，这个是没有任何问题的，也不需要去治疗。

4. 如何看待现在大学生普遍存在的婚前性行为？

现在大学生的年龄一般是 18 岁到 22 岁，如果读硕士的话就到 26 岁，读个博士的话，基本上就 30 岁了。从生物学的角度来讲，18 岁到 30 岁是个体身体机能最好的时期，这个年龄是个体最佳的生育年龄。因此这个阶段的学生大都有非常强大的性的欲望。因此对于婚前性行为来说，随着时代的发展，会有越来越多的人从理性和感性的角度来看待这个问题。从生理的角度来说，这个时候是需要有合理的释放途径的。

这也是一个性观念问题。不同的年代，不同的文化，关于性的行为规范一直处于变化之中。个人的观念就是有两种东西不要太早去尝试：第一个是最新的科技，因为它很贵，而且不稳定。第二个是最古老的性，性确实能够让你体验到愉悦感，但是它还是会带来一些问题。当然如果说恋人双方都准备好了，在不损害他人利益的情况下，可以去通过双方都接受的方式去释放性张力，只是要特别注意安全的性行为。

分手那些事

余海军

教师简介：

余海军，临床与咨询心理学硕士，华中师范大学心理健康教育中心讲师、心理咨询师、注册心理师、系统式家庭治疗师。2014 年起在省内外 40 余所高校及企业举办了 160 余场讲座，主讲爱情婚姻家庭，在华中师范大学推出"爱情心理学""婚姻与家庭指导"等选修课，深受广大学子欢迎。

01 分手的定义

我们对于分手有一个模糊的定义和理解，但是认真地定义分手，还不是那么容易的事情。此前在关注爱情领域时，我也专门查了文献，没有看到关于分手的确切定义，于是我自己对分手进行了定义：在我看来，分手是身处伴侣关系中的个体产生的结束伴侣关系的意念以及为了实现这一意念而实施的外在行为。

我认为分手有一个非常重要的前提条件，那就是两个人必须身处伴侣关系当中，与失恋不同。不知道大家有没有过这样的经历。比如，一个寝室里有四个女生。突然有一天，一个女生在寝室里情绪很低落，另外的同学很关心她，问她发生了什么事情。这个女生说她喜欢的男生好像已经有了女朋友，因为看到他和一个女生出双入对，表现出一副很亲密的样子；从其他的途径看到他的朋友圈里也有两个人的合照，类似于官宣了。所以我们会怎么定义这个女生现在的状态呢，她现在是分手了，还是失恋了？可能大家不会认为这个在寝室里情绪低落的女生目前处于分手的状态，而只是处于失恋的状态。

区分分手和失恋最重要的前提是：当事人此前是否处在伴侣关系当中。当这个女生只是暗恋一个男生的时候，可能出现各种各样的原因使她认为她没有办法和男生继续在一起，比如男生已经有了女朋友。这其实是失恋，并不是分手。要分手，一定得先牵手。如果连手都没有牵起来，那就不存在分手。

02 分手的种类

分手有很多种，我按照个人见解大概分成了三类。现在与大家一起共同探讨，大家也看看有没有道理。

首先，分手可以分为内源性分手和外源性分手。一段伴侣关系结束的核心原因来自这段关系的内部或外部，这是区分内源性分手和外源性分手的重要标准。通常，内源性分手主要是指两个人在关系中出现了一些问题，导致两个人没有办法很好地继续这一段关系；而外源性分手绝大多数情况下都是来自外界的影响，其中最典型的一种情况是父母的反对。恋爱关系并不总是能得到父母的祝福。如果父母觉得双方的家庭条件不太匹配而持反对态度，你们也因为父母的反对而决定放弃这段关系，就属于外源性分手。

内源性分手和外源性分手不是一个绝对的划分，因为有一些分手的状况不容易区分。最典型的例子是，如果两个人在第三方的介入下分开，我认为不能将之简单归类于内源性分手或是外源性分手。但是，如果两个人之间的关系原来就存在一定的问题，第三方的介入只是一个导火索，那这种分手可能是内源性的分手。这在现实情况下很难做出清晰的界定。如果第三方布置了一个庞大的"复仇计划"，就是为了拆散两个人，不断地制造各种各样的冲突，导致两个人分开，那么听起来更像是外源性分手。这种情况在现实中也很少遇到。无论是哪种状况，我们可能都会受影响，分手以后对我们的影响会在后面的部分讲到。

其次，分手分为目的型分手和功能型分手。在分手的定义中，分手最重要的目的是结束这段伴侣关系。目的型分手是真分手，心中所想和实际行动的目的是一样的。功能型的分手是什么呢？前文姚玉红老师讲到，男女生在一起争吵，当争吵升级到某种程度的时候，女生脱口而出，"你都不哄我，你不在乎我，你不爱我，那我们分手吧"。这个时候男生可能已经很烦恼，觉得无法继续交流，就同意了分手。这种情况称为功能型分手，即提出分手的一方真正的目的并不是为了结束这段关系，而是希望借助提出分手这件事情，一定程度上要挟、威吓对方，让对方对自己更好，让对方妥协。它的核心目标其实不是分开，而是关系的延续。在关系延续的过程中，还需要对方更多地迁就自己，甚至对自己实现一种盲从，把自己放在一个更高的位置上。这就是功能型分手。

功能型分手其实是一种假分手，但是功能型分手如果把控不好的话，可能会造成真分手。我不太建议大家利用功能型分手，因为使用之后对关系是有影响的。给大家推荐一部香港电影《不再说分手》，观察电影中女主所使用的功能型分手对他们未来的关系造成了怎样的影响。

再次，分手可以分为主动型分手和被动型分手。在一段关系中，并不是谁先说了分手谁就是主动的一方，而在于发出分手信息的人和实际上有分手意愿的人是否一致。假如在一段恋爱关系中，一方和另一半相处时觉得不够满意，觉得另一半不够爱自己，或者觉得自己不够爱另一半而想到了分手，于是主动跟另一半讨论，这是主动型分手。

还有一种人想法和做法不一致。自己现在觉得这段关系不够好，但又迫于社会压力不希望自己主动提出分手，不希望自己被认为是忘恩负义，有人为了不背负这样的骂名，或者说是社会的偏见，选择了不提出分手，但是会通过不断在这一段关系中制造各种各样的矛盾，最后迫使对方觉得实在很难再坚持维护这段关系而提出分手。这种类型就属于被动型分手。

03 分手的原因

分手的原因就更多了。我很喜欢看电影，尤其是爱情电影给了我很多的启发。在电影中，我发现了以下 8 种分手原因，实际情况可能更多。

第一，当两个人不再相爱时，他们很有可能会分开。

第二，如果在关系中的一方出轨、不忠或背叛，那么两个人也可能会分开。

第三，刚才还提到了外界阻挠，例如父母反对；甚至两个人长期身处异地没法见面，最后决定分开，这也是一种客观环境的阻挠。

第四，关系持续了很久，两个人可能感到关系越来越淡，再经营下去没有什么意义而分开。

后面几种比较有意思。

第五，有一种舍己为人型的分手。电影《一条狗的使命》里就有一个舍己为人型分手的例子。这部影片中，男主角在高中期间有一个女朋友。

他是体育生，因为橄榄球打得好被一个大学录取；他的女朋友是个学霸，没有通过特殊的途径，靠自己的努力进入另一所大学学习。后来他在学校里和同学发生了冲突。这个同学有点冲动，跑到男主的家里把房子点着了。好在男主发现自己家着火之后，逐一把家人救出了险境，自己最后撤离火场时从二楼的阳台上跳下来，腿骨折了。作为一个橄榄球运动员，腿骨骨折意味着他运动生涯的结束。他也很清楚，因为自己的骨折，自己未来到大学之后不可能再打橄榄球，而这个学校招他就是因为橄榄球，这意味着他没有办法读大学了。当他接受了自己的命运之后，认为自己接下来只能留下来继续经营农场，而女朋友可以走出小镇。出于对女朋友的利益和未来着想，他决定并主动向女朋友提出了分手。这是典型的舍己为人型分手。

第六，另有隐情型的分手。这是指在两个人分开时，一方并不是完全知晓分开的真实理由。舍己为人型和另有隐情型其实非常相似。舍己为人型中所有的信息在两个人之间是对称的。但是如果刻意进行隐瞒，其实也是为了对方，可以归到另有隐情型中。通常，当另有隐情型分手中的两个人再次聚到一起之后，会有悔不当初的感觉，因为确实信息是不对称的。

第七，不可抗力型分手。最简单的一个不可抗力是死亡。在一段关系中，一方的离世是会导致两个人关系的结束，而这种结束在一定程度上也是一种分手。这可能是大家此前没有意识到的一个问题。还有其他的情况，比如出车祸导致失忆，失忆之后记不住对方。对双方来说，这一段时间是空白期，两人之间的关系必须重新恢复。所以这一段时间也是分手的状态。这种不可抗力也是分手的一个原因。

第八，意外失控也可能成为分手的原因。原本是想用分手吓唬对方，结果真的分开了，这就是意外失控的状况。

分手的原因非常多，但是我觉得分手时两个人的情感状态并不一定是不相爱的。在不再相爱的状态下，两个人之间不再有爱的感觉。但是在不忠背叛、外界阻挠和持之无味的状态之下，两个人的感情其实是不太能确定的，可能还会爱，但是也有很多不确定的成分。对于舍己为人、另有隐情、不可抗力和意外失控的状况，我认为其实两个人还是相爱的，更多因为两个人没有办法好好相处，没有办法在有爱的情况下共同经营这段关系，最后导致分开。

很多时候会有一个误解，我们认为两个人分开一定是他们彼此不相爱了。其实不是这样，有的时候分手双方其实还爱着对方，有的时候甚至是因为更爱对方，才会选择离开。所以对于分手的原因和分手时的情感状态，我们也需要有更多的了解。

04 分手的功能

不知道大家有没有想过分手有什么好处。通常情况下，大家可能认为分手给人带来的更多是痛苦。无论是分手的人还是失恋的人，很少是开心的；一般都是情绪低落，甚至是哭泣，用酒精麻醉自己等等。但是实际上分手也是有好处的。我在课堂上与学生做过分享，同学们分享了许多创意，其中一些创意也确实多次在现实中出现。

在同学们的反馈中，分手最重要的一个好处是自由。两个人在一段关系中常常会为了对方而放弃自己的一些东西，包括自由。要陪伴对方就没办法做自己的事情。比如，在陪对方出去玩的时间内就不能做作业，需要晚上回来抽时间写。因为要陪伴对方，也可能需要放弃自己的爱好，比如打游戏。女生通常会认为自己应该比游戏更重要，但是如果男生觉得游戏比女生重要的话，女生会很难受。

还有其他有意思的反馈，有同学认为分手的好处是省钱。因为两个人在一起的时候，共同活动是需要一定花费的。当两个人结束这段关系以后，这些花费是可以减少的。

如果继续讨论下去，分手可能还会有更多的好处。整体而言，分手至少有以下四个功能。

第一个功能是结束关系。真正意义上的分手，目的和最后的结果是统一的，所以结束关系就是最重要的功能。

第二个功能是回避痛苦，这个功能非常重要。分手是会带给人痛苦的，但是在某些关系中，继续下去会更痛苦。比如，在一段关系中存在着暴力问题，如果一方对另一方有持续的暴力，那么一直处于这样的关系中是处于长久的痛苦状态，及时离开反而是止损。所以也许分开是选择一个短期的痛苦。

第三个功能是激发改变。当两个人在一起的时候，可能一直是用同样的方式互动，这种互动有可能会让双方不是很满意。在分手之后，经过对关系的反思，我们在一些情况下会用不一样的策略去面对两人之间的问题，处理两人之间的矛盾，可能关系就会变得不一样。所以在分手之后，失败的恋情和经历其实可以让我们有一些新的收获和改变。带着这些收获和改变进入下一段关系中，可能就能够成功。但是如果一直处于这段关系中，常常很难考虑到这一点。

分手的第四个功能是创造机会。因为和现在的伴侣在一起，就意味着必须放弃和其他人在一起的机会。当处于单身的状态下，就可以有更多的机会和他人进行交往。通常情况下，我们更加习惯于处在一对一的关系中。我们在一段关系中不会轻易去开启另一段关系。所以真正结束上一段关系后，我们在开启一段新的关系时压力会更小。

以上四个功能，我认为回避痛苦、激发改变和创造机会是正向的，结束关系是中性的。所以分手的功能至少是 3.5 个正向和 0.5 个负向，这么来看分手也许是个不错的选择。对于一段关系来讲，即便分手真的有可能是一个还不错的选择，但是处在关系中的个体在绝大多数情况下是不愿意分手的，因为对于我们来说，我们希望两个人能够在一起好好相处。很多时候我们认为分开是一件坏事，但是从功能的角度评估，好像分开并不是那么糟糕。

05 分手的影响

分手对人有什么样的影响呢？

分手会让两个人有情绪上的变化，具体有五个不同的阶段，分别是愤怒、否认、妥协、抑郁和接受。

就这五个阶段而言，有两点需要解释。

第一，这些阶段的出现并不一定按照特定的顺序，即次序是愤怒、否认、妥协、抑郁，最后是接受。其实也有可能最先出现否认，然后是愤怒或者其他的阶段。

第二，在经历分手或者其他的心理危机时，每个阶段所处时间的长短也不一样。在一些阶段所处的时长根据当时所处的情形会有所不同。有些人可能否认阶段很短，抑郁的阶段很长；也有些人可能愤怒阶段很长。这取决于性格特征及当时所面临的情景。每个人从分手中恢复所需的时间也不同。

除此以外，分手也会给认知带来一些变化。

在电影《和莎莫的 500 天》中，我们在恋爱和分手之后对于另一半某些特质的认知和解读其实是不同的，这就是分手带来的认知上的变化。俗话说"情人眼里出西施"，当两个人在一起的时候，双方都会觉得对方很完美。此时如果有人认为对方有什么缺点，我们会觉得并没有，甚至还会考虑你说对方不好是不是想挑拨我们的关系。这就是我们在恋爱中认知的倾向性。所以在恋爱中，我们的认知并不一定都是客观的，分手会给我们的认知带来很大的变化。

另外，分手会给人际关系带来很大变化。

最开始分手只是一个想法，在我们的脑海中，我们不断地思考着对对方或者对这种关系的不满意。同时我们要从个体过渡到两个人，要和对方讨论分手的问题，最后决定两个人分开。从个人的想法转换为两个人的交流，并且把它付诸现实。之后，就过渡到社会层面，向周围的人宣布分手的消息，最后回归到独立的状态。随后需要逐渐从分手的经历中恢复，并且形成自己独特的观点和视角。

什么是形成自己独特的观点和视角？比如，分手双方都是你的朋友，在安慰两个人的过程中，也许你会有一个惊奇的发现，就是两个人所认为的分手的原因会有所不同。但是为什么会不同？这就与重新回归到个体，形成自己的观点和视角有很大的关系。

在一起相处的时候，两个人之间发生的所有事情，可以分为三个部分，即自己一个人时发生的所有事情，和对方在一起时发生的所有事情，以及对方一个人时发生的所有事情。通常情况下，一段关系中的任何一人都只能知道自己独处时和一起相处时发生的所有事情。所以对于分手的原因，只能基于这两个部分得出结论，由于两个部分的内容不完全一致，所以最后得出的结论往往就不一样。因此分手之后形成自己独特的观点是很正常的。

还有一个相对不正常的状态，比如分手是因为一方出轨。由于外界的压力，出轨的一方更倾向于不说明分手的真实原因，而是选择一个听上去对自己更有利的原因，而且慢慢地用这个原因去催眠自己，降低内心的负罪感，甚至是减少别人对自己的指责。这种情况也会形成自己独特的观点和视角，但是相对来说是一个不正常的状态。

但是无论正常也好，不正常也好，这些做法其实都是为了维护我们内在的心理健康。

此外，分手对我们的核心影响是两个人的边界转换以及丧失感。

首先是边界转换。以大学校园里的情侣为例，如果同一个班内的情侣分开了，那么他们在班里相处的时候，会感觉非常难受。这就涉及边界问题。因为曾经他们两个人的边界是敞开的，两个人上课的时候可以坐在一起，有基本的肢体接触。分手之后，曾经的另一半现在和另外一个异性坐在一起，干着当初和自己一起干过的事情，而自己却不可以，因为关系已经变得不一样了，所以边界转换是最重要的影响。

其次是丧失感。以前两个人是融为一体的感觉，分手之后会觉得生命中缺了一块，让人感到失落。

06 分手的影响因素

那么影响分手的因素有哪些呢？其实非常多。

第一个是依恋类型。依恋是人很重要的特质。根据心理学家的研究，依恋分为安全型依恋和非安全型依恋。如果对非安全型依恋进行二分类的话，就分成焦虑型和回避型；如果进行三分类的话，在二分类的基础上再加上混合型或者叫作矛盾型。安全型依恋的人对情感的处理能力比较好，所以相对来说比较容易从分手中走出来。但如果是非安全型依恋的人，可能会比较难处理，但是也有例外。比如说一个回避型的人，原本对于恋爱就比较回避，分手可能就是长舒一口气，反而认为分开更好。这就是没有依赖就没有伤害，所以选择不依赖。

第二个是每个人的认知风格——更偏向于积极还是消极地看待事情。如果我们能从一个相对客观的甚至是更加积极的角度去看待分手这件事情，通常能够快一点走出来。但是如果一直沉浸在悲痛当中，比较消极地看待，可能就需要多一些时间。

第三个是经验习得，或者说是恋爱史。当事人因为恋爱或者分手的问题到咨询室里来，如果这不是第一段恋爱，我常常会问他当初分手的时候是怎么度过的。我们都有学习的能力，曾经我们经历过同样的事情，一定有一些好的经验可以帮到我们。通常情况下帮助第一次失恋的人会更难一些，因为他基本上没有什么经验，所以要给他更多的解释，更多的理论或者示范，帮助他看到一些东西。但是如果他曾经有过其他的情感经历，那么他从自己的经历中就可以找到一些力量和方法，帮助他更好地走出失恋的状态。

第四个是角色定位。在恋爱的过程中，两个人的定位是不一样的。网上有一些小姑娘发微博放几张很漂亮的照片，文案写着"谈恋爱吗？分手就割腕！"假如进入这样的一段关系中，两个人会觉得这辈子一定要绑在一起，类似于生生世世相伴这种状态。如果是这样的一个角色，那么这段关系结束之后，难过程度可能会很高。因为最初对爱情的向往或者对人设的设定，都没有得到满足。但是如果觉得在恋爱的过程中，我们就是彼此的另一半，如果可以在一起，那就好好在一起。如果不能在一起的话，也不是非要绑在一起互相伤害。这样的角色定位相对来讲更有弹性，可能未来走出来会容易一些。

第五个是恋情时长。相对于恋爱已经经历了很长时间，从恋爱时长较短的分手中走出来可能容易一些。而恋爱的时间不长不短时，可能是最难走出来的。这有点像心理学上的倒 U 型曲线，越在中间的部分越难，两边的相对容易一些。恋情的持续时间较短时，双方投入较少，相对来讲容易走出来；而很长时间的恋情通常也容易走出来，因为在那么长的时间里，该做的努力都做过，但是发现也没有结果，而且体会了很长时间的痛苦状态，所以分开可能更多是一种解脱。但是如果谈了两三年后觉得不那么满意，这时候似乎觉得应该努力调整一下。两个人在坚持还是不坚持之间摇摆，但是最后还是决定分开的话，这种情况是最难受的，而且往往需要很长时间恢复。

第六个是承诺的程度。对于一段关系，彼此认为是一辈子一定要一直在一起，还是可以尝试着走走看。不同的人是有不同的选择的。一般都会认为毕业季就是一个分手季，对本科而言，就算从大一开始谈4年恋爱，这4年恋情如何发展很难说。不知道有没有人会一开始就选择谈恋爱，说好就只谈这4年。因为两个人来自不同的城市，毕业以后很可能不能在一起，所以就选择分开。假如一开始就是这样安排，那我们其实已经有了心理准备，所以从这样的感情中走出来的时候，可能会容易一些。如果两个人准备一生一世在一起，但是最终分开了，走出来可能就很难。如果两个人感情很好，但是一方意外离世，对于活下来的一方，他对感情难以割舍，从伤痛中走出来就会非常困难。

第七个是分手的方式。如果两个人比较平和地分手，关于分手讨论得比较清楚，对彼此的伤害比较小，大家都能主动走出来。但是如果整个分手的过程伴随着情感的撕扯，或者有更多的人卷入这段关系中，甚至还有暴力等等，那要走出来就会更加困难。

此外，支持系统也非常重要。分手之后我们不是一个人面对，我们周围的朋友、家人，都能够给予我们支持。但如果真的是孤单一人，所有的东西都只能一个人去面对，可能就比较困难。

所以以上这八个因素都会影响我们怎样从分手的状态下恢复过来。

07 分手的应对

最后是怎样应对分手。

分手很重要的目的是怎样好好地分开。关于怎样提出分手，或者说要实现分手，有以下三点建议。

第一，不要逼对方先提出分手，这是前面提到的被动分手。如果你觉得这段恋情没有办法继续下去，请你把你的真实想法和对方好好地沟通，不要采取被动型分手这种方式，因为这样会给你们现有的关系额外增添很多矛盾、冲突、伤害，这些都是没有必要的。

第二，就是分手最好当面提出。确实现在网络很发达，处理很多事情可能都不需要见面，分手也可以采取这种方式。但是我认为如果可以的话，分手最好能够当面提出来。首先，网络具有不稳定性，分手的意愿不一定能准确传达。利用网络这种途径，如果因为网络的原因或者技术的原因，这些信息没办法传达到对方那里，其实是没有办法达到目的的。其次，如果通过网络提了分手，几天之后得到的消息是对方永远地离开了人世，对自己会是怎样的影响？我们不知道提出分手的时候，对方会有什么样的反应。所以如果当面和对方提出分手，我们至少可以观察对方的情绪反应，一旦对方有过激的反应，我们可以尝试着安抚对方。当然，如果是当面提出分手，我建议大家选择一些合适的场合。比如不要选择山顶的悬崖边、高楼的平台边，也不要在湖边、河边、江边、海边等等。尽量选择有其他人存在的公共场所，如果对方的情绪突然失控，你没有办法很好地安抚对方或者保护对方，至少有其他人可以帮你。危机干预里面提到，一个人的自杀行为会对他人造成非常严重的影响。分手的目的是想要两个人分开，而不是想要对方永远从世界上消失。所以如果要提出分手，也要安抚好对方，确保对方的安全。

第三，分手也要维护对方的尊严。也许两个人在一起很长时间，但是没办法更好地走下去，所以决定要分开。但是分开一段时间后会不会发现对方身上还是有很多优点，尤其是经过反思以后，两个人可能会复合。所以在和对方分手的时候，即使要去跟对方谈论分开的原因，谈自己的理解，我建议不要用特别伤人自尊的方式。比如说当初两个人相遇的时候是因为男生游戏打得好，女生就跟着男生一起打游戏，男生很照顾女生，女生在这个过程中感受到被宠爱的感觉，两个人因此走到一起。但是随着关系的进一步发展，发现在男生的世界里，游戏是他最重要的部分，他因为打游戏可以不去上课，可以不顾女朋友的需求等等。这时候女生会认为自己没有得到足够的重视，最后可能会分开。女生的理由是觉得对方对自己不够看重，这是一个很好的表达。但是如果一定要说成对方太不上进了，继续这样在一起，大学都毕不了业，自己不想和一个连大学都毕不了业的人在一起。这就伤害了对方的自尊，这不是一个合适的方式。

这是提出分手的部分建议。如果是被分手的一方，要怎样更好地从分手后的状态中走出来呢？

如果采用了这些自我帮助的策略都没有很好效果的话，建议可以寻求心理咨询师的帮助。因为对于情感的处理或者关系的调适，本身也是心理咨询中非常重要的内容。作为咨询师，我们会针对怎样处理关系以及大家提出的其他问题提供专业的建议。另外，如果我们在分手之后经历了比较大的情绪起伏，也可能是处在心理障碍的状态下。这时，寻求心理咨询师甚至心理医生的帮助就变得更加必要。

08 分手／爱情相关的作品／课程推荐

　　以上是今天与大家讲授的内容，另外给大家推荐一些书籍：《爱情心理学》《爱的五种语言》《爱情进行时》《爱的艺术》《男人来自火星，女人来自金星》《亲密伴侣》。还有与性相关的两本书：《滚床单心理学》和《性：你知道的你不知道的那些你应该知道的事》。爱情和性是紧密联系在一起的，我们对爱情和性有更多的了解，对于我们更好地经营爱情是有帮助的，而且有时候性也是两个人分开的一个重要的原因。

　　还有一些跟分手有关的影视作品：《失恋 33 天》《太阳的后裔》《时光尽头的恋人》《爱情的选择》《我的爱我的新娘》《不再说分手》以及《和莎莫的 500 天》。

　　如果大家对爱情的部分还有兴趣，可以去看网易公开课里台湾大学的"爱情社会学"。这门课会告诉你怎样更好地经营爱情。另外，还可以看看加州大学洛杉矶分校的"家庭与夫妇心理学：亲密关系"。这门课有中英文字幕，大家也可以了解一下。

问题互动：

　　1. 自己明明谈着恋爱却感觉很孤独，两个人在情感上没有太多的互动和交流，觉得自己被忽视了，想要分手但是又很纠结，想问一下这样的情况应该怎么办呢？

　　首先第一点，你对这段感情有一个足够好的期望，有留意到并不是有一个女朋友或者男朋友就够了。也许有些人会认为现在的年龄段，可能两个人相处就比一个人待着好，但是你很清晰地知道你即便进入了这段恋爱关系，也没有能够充分满足你的需求。这就是需要去考虑的部分。这段关系目前满足的部分有哪些，还没有满足的有哪些，要去权衡。你在这个过程中更需要的是什么？在我看来，如果这段关系还不足以完全满足你，或者说是滋养你的话，可以尝试着结束这段关系，再去寻找一段新的关系，这样可能于你而言更好一些。如果你觉得虽然有小小的不足，但其实整体上两个人待在一起要比一个人更好一些。这种情况下，也许你们可以两个人好好地沟通一下，看看有没有可能给彼此带来更好的陪伴，成为彼此心灵上的伴侣。

另外，即便两个人在伴侣关系中，也并不一定每个人都会觉得孤独。人一辈子有一个非常重要的任务，就是要学会和自己相处。我们常常会感受到孤独。所以可能对你来说，你也要学会和自己相处，学会品味孤独，不仅仅是对方帮你消除孤独，你自己也同样有责任和义务。这个部分也是自己要去修炼和提升的部分，和你们的关系没有太大的关联。

2.疫情期间和男朋友处于异地，感情急转直下。感觉像在网恋，每天都在干聊，三五天就会吵架。但是以前在学校的时候并不是这样。很奇怪为什么会有这样的现象，希望老师能够帮我分析一下。

这也是很正常的状况。通常在恋爱关系中，最核心的是两个人在一起要有相处，而这种相处是类似于实实在在的接触，这是最佳的状态。所以两个人因为疫情的原因分隔异地，这其实是一种新的恋爱方式，会对我们的恋爱过程造成冲击。

此外，我觉得跟前面一个问题有些类似。假如在恋爱关系中的两个人能够更好地学会和自己独处，能够懂得我的恋爱只是我生命中的一个部分，我好好地和我的另一半去共享我们的部分，另外的是我自己独处的部分，可能我们就不会把所有的精力或者是所有的期许全部放到恋爱关系中去了。即便有的人关系真的很好，但是也可能很难经过异地的考验。即便我们走过了大学校园，但未来也许因为工作需要到外地去，有很多夫妻真的也是这样的相处方式。在这个过程中，我通常认为恋爱时分手的成本要比结婚以后离婚的成本小一点。进入婚姻关系以后，我们可能也还是要学会怎样和对方在异地的情况下相处。这个是我们要一辈子去学习、攻克的，是我们要提升的能力。如果两个人的互动永远是报喜不报忧，共同玩游戏，没有深入交流的话，那么这种情感的连接就会比较淡。有的时候恋爱需要谈到有比较深的情感连接的层面上，我们的爱情关系才能更加持久一些。

3. 听到最开始讲分手的原因时，我很好奇新鲜感没了之后就会分手吗？

这个问题与爱情的理论相关。它取决于个人，不是我们今天所讲的核心内容。关于爱情的理论中有一种爱情的生化理论，或者叫爱情的生物学基础理论。这种理论认为人之所以会产生爱情，是因为人体内的一系列神经递质的综合变化。恋爱的过程中，神经递质会增加，但是研究发现这种神经递质增加的持续时间最长不超过 18 个月。假如说未来我们发明出一种药，无论是口服的还是注射用的药物，能增加我们的神经递质，打一针或者吃一颗药就会有恋爱的感觉了，这种神经递质的影响可以持续很久。但只要和一个人在一起，新鲜感就很难一直维持，所以新鲜感并不是爱情关系存续最核心的要素。另外，人其实是复杂的，假如你和你的女朋友谈了两年恋爱，当你们在恋爱两年的纪念日那一天，回望这个过程，你的女朋友和两年前完全一样吗？我猜绝大多数情况下是不一样的，她会有变化，你也会有变化。所以其实在这个过程中，每一个人都在变化，当我们变化时就有可能给我们带来新的新鲜感。

　　关于这一点，至少可以从这两个方面去考虑。第一，我们不能依靠新鲜感去维持我们的恋爱关系，因为从研究的角度来讲，它不是一个核心的因素。而且单纯靠新鲜感，时间是有限的，这也有研究结论的支持。第二，在现有的关系中，我们要不断地去尝试发现新鲜感。我初看他感觉很新鲜，但也许他的父母他的兄弟姐妹就不觉得新鲜，他从小到大就是这样。所以我们需要继续带着去发现新特色的眼光和他相处。这样可能会发现我们自己包括对方身上更多的新鲜感，这也是一个有效的策略。